银行数字化
营销与运营

突围、转型与增长

金腰子◎著

机械工业出版社
CHINA MACHINE PRESS

图书在版编目（CIP）数据

银行数字化营销与运营：突围、转型与增长 / 金腰子著 .-- 北京：机械工业出版社，2021.3（2024.7 重印）
ISBN 978-7-111-67646-1

Ⅰ.①银… Ⅱ.①金… Ⅲ.①银行业务－信息化－研究 Ⅳ.① F830.49

中国版本图书馆 CIP 数据核字（2021）第 036533 号

银行数字化营销与运营：突围、转型与增长

出版发行：机械工业出版社（北京市西城区百万庄大街 22 号　邮政编码：100037）
责任编辑：孙海亮
责任校对：殷　虹
印　　刷：固安县铭成印刷有限公司
版　　次：2024 年 7 月第 1 版第 6 次印刷
开　　本：147mm×210mm　1/32
印　　张：8.5
书　　号：ISBN 978-7-111-67646-1
定　　价：79.00 元

客服电话：（010）88361066　68326294

2003 年到 2013 年是互联网发展的黄金十年，很多行业都发生了巨大变化，有些新事物出现，有些旧事物重获新生，有些事物则在新浪潮中消失。

金融就是在这个过程中持续受到冲击的行业。互联网的高速发展不断改变着老百姓的金融习惯，电子支付的发展将人们在数字生活方面的需求从简单的信息获取不断推向金融服务，技术应用不断从消费端向产业端延伸。这种新兴事物对传统商业的冲击，在局外人看来可能只是一条新闻，但对局内人来说，却是巨大的挑战，这种挑战夹杂着很多复杂的因素。

2016 年我加入一家大型银行，在该银行的总行工作，有幸深度参与到从电子银行向网络金融的转型中。正是这一经历让我深入理解了大型金融机构应对互联网冲击时所面临的各种阻力，有些来自内部，有些来自外部，有些源于资源，有些源于意识，有些是方法问题，有些是时机问题。

在一次烧烤聚会上，大家聊起银行数字化转型之难，这让我产生了共鸣，我当即决定创建自媒体"腰腰金融"，并取笔名为"金腰子"。腰腰金融主要用于记录银行面对互联网冲击时，在创新和转型方面进行的努力和尝试。腰腰金融这个小小的同业交流平台，从 0 到 1 积累了众多同行业的读者，其中很多读者甚至成为我的挚友。我也在这个平台上不断分享着自己在银行数字化转型中的切身感受。

2019 年我转战至另一家大型商业银行，再次深度参与到银行数字化经营转型的进程中，这样的独特经历让我深刻感受到不同商业银行在数字化转型过程中的异同。在与大量同业及异业人员的交流中，我发现银行业普遍面临着相似的困境与期待。这让我产生了一个想法，那就是对 4 年多来参与不同银行数字化经营转型工作的所感所悟进行提炼，把大家普遍关注的问题集结到一起，以图书的形式分享给更多人。

转型之路漫漫，市场需求在不停地快速变化，银行如何充分发挥资源优势，减少市场认知惯性、组织协作模式、人才队伍结构等方面带来的阻力，是转型落地实施需要解答的核心问题。对银行来说，要系统地进行优化调整，不仅需要科技转型，还需要强有力的牵引力，而这个牵引力就来自市场。市场正是这个时代资源配置的决定性因素，因此业务的营销需求成为构建增量市场、打破存量束缚的关键，也成为数字化经营转型的重要驱动力。准确理解市场的需求变化，看到数字用户市场的基本逻辑和潜在诉求，是一系列数字化转型的基础。

本书基于我的亲身经历和在腰腰金融多年的沉淀撰写而成，从金融市场环境、场景建设获客、用户体验交互、业务领域细分、开放输出能力、合作生态体系等几个维度，对银行普遍关注的问题和从业者关心的主题进行拆解，试图从营销的视角切入，找到市场和银行自身的真实痛点，以营销、运营的改善为重点剖析对象，为未来银行数字化经营转型的深入开展，提供方向性的参考。本书力求以生动有趣的方式为大家阐述商业银行在当前时代背景下，如何开展有效的数字营销运营，以帮助读者找到与自身相适应的发展、转型路径。

本书适合以下读者阅读：

❏ 在银行领域从事数字化转型、市场运营、网络金融等相关工作的同人；

❏ 准备进入或者刚刚进入银行领域的新人；

❏ 研究金融、银行发展的学者、专家；

❏ 开设相关课程的高校师生；

❏ 想要了解银行在互联网时代究竟在做些什么的读者。

市场一直在变，本书作为契合当下诉求的起点，将不断迭代更新，希望本书也能像我们每个人一样，在"新陈代谢"的过程中不断成长完善。希望本书能够引发更多的探索与思考，能够促进你我之间产生更多的思想碰撞。

由于本人阅历尚浅，书中难免有表述欠妥之处，还望各位读者多多包涵。最后，感谢各位亲朋好友、领导同事长期以来的帮助，感谢各位读者的大力支持。

金腰子

2020 年年末

目 录

1

银行数字化是挑战还是机遇

今天的银行业进入了大规模数字化发展的时期。提及此，很多人不禁会问，金融业务不一直都是数字化的吗？

仔细想一想，银行的数字化确实从未停息，而今天互联网的很多成就，也都离不开银行业在数字化中的基础支撑。但今天所说的银行业的数字化，似乎与以往都不太相同，这种数字化从面向管理效率、业务操作效率的服务逐渐演化为对市场、对用户的服务。当这种全新的数字化成为主流需求时，银行会面临哪些机遇与挑战呢？

第 1 节　银行面临的三大困境

对于银行面临的困境，不同的人有不同的解读，且这些困境的构成看起来又是多维的、复杂的。但仔细去看银行今天面临的主要困境，会发现其首先体现在市场层面。本书将从内部存量客户市场、自身科技服务理念、外部混合赛道竞争三个角度来展开说明，争取拨开困境的迷雾，瞄准那些最核心的问题。

互联网改变用户关系

2003 年以来，中国的互联网进入了野蛮生长阶段，互联网的发展不断降低着人们获取信息的成本，让沟通效率得到了前所未有的提升。或许互联互通的数字化正是从那一时期开始的。

人们踏上了数字化这趟高速列车，便捷的信息服务不断地从一个个小功能开始生根发芽。对于多数银行来说，可能怎么也想不到，互联网是如何一步步改变自己的经营环境的，而这样的冲击，不仅来源于电商的交易方式，还来源于社交的沟通方式。更难以想象的是，这个虚拟的世界竟然会深刻改变线下的行为习惯，从而全面改变消费者的金融习惯。

互联网到底给银行带来了什么样的冲击呢？笔者把它大致整理为以下几个方面：

（1）**互联网打造了数字渠道，改变了用户获取信息的入口。**过去人们想要获得金融服务，会先前往附近的银行网点进行咨询，再选择业务办理。现在的人们获得金融服务前，会在搜索引擎上搜一搜，在社交平台上问一问，再选择合适的机构或平台。

（2）**互联网改变了信息的不对称性，改变了用户接受服务的驱动因素。**互联网具有的平台特性使其聚合了不同供给方的服务，使得用户可更便捷地对服务进行比对。在打破信息不对称的同时，互联网用运营算法形成了新型的信息不对称，正是这种用户赋权及差异化运营，形成了对金融机构的降维冲击。

（3）**互联网打造了流量运营的商业模式，改变了传统商业的成本结构。**互联网将流量作为广告、电商、游戏、金融等商业模式转化的基础，通过运营改变用户的消费习惯及决策方式。银行业在流量的转化中需要在流量采购、企业服务购买、银行服务费用减免等方面投入成本，成本的增加进一步压缩了银行的利润空间。

（4）**互联网实现了服务的延伸，串联起产业端、消费端、社会治理端各个要素间的信息关系。**互联网的服务以批量化的形式从网络外部的用户端发展起来，并不断将服务从消费端向产业端延伸，用"流量赋能"的概念扩建企业服务入口。这些主流入口将居民、企业服务与政务服务串联在一起，形成一个个数字生活的数据闭环。这种先发的数据优势深刻影响着银行数字化的风险管理模式，推高了数字化业务管理的难度与成本。

技术颠覆已有经验

过去银行的技术储备多是用于银行内部的管理，这种从生产系统中发展而来的产品与系统设计思路，出于对生产安全的考虑，使得银行服务的稳定性与安全性较高。但这种严谨的技术管理与系统设计思维，与强调敏捷、简单体验的用户产品之间并不匹配。

伴随用户终端从电话到电脑再到手机的演化，移动服务成为主流的服务形态。传统银行业务经过几十年的发展，已经形成高度依赖线下网点机构、依靠多层级行政推动的发展模式，银行中多数数字化项目也都是围绕网点能力进行建设的，这导致银行在对互联网用户的服务进行设计时，优先采用了将网点业务线上化的模式。手机银行成为银行应对移动互联网发展的核心工具。

但手机银行真的是银行在互联网经济时代制胜的法宝吗？手机银行工具化的属性鲜明，因而缺少了社区互动与用户运营的功能。这种工具型应用的发展高度受制于工具的基础使用频次，因而虽然各家银行都在奋力提高手机银行的用户活跃度，但与互联网平台相比，其在用户黏性与品牌忠诚度方面仍有较大差距。

　　我们在对用户的调查中发现，很多用户会感受到银行的服务因为互联网应用而变得方便了，但这是与原有柜面服务进行的对比。当与互联网主流服务进行对比时，用户给出了很多负面意见，例如服务太多且查找麻烦、要输入的内容太多、功能太烦琐不会用、界面难看不喜欢、体积太大占用内存、速度太慢浪费流量、推荐不准等。在网点柜面人工服务的方式中，这类负面意见会因为"人"的沟通而缓解，但在互联网平台的环境中，这种意见却很容易被放大。

　　在数字环境中，如何通过技术与用户建立良好的互动关系？这一问题在银行经营历史中几乎不曾遇到过。数字用户到底长什么样子？他们与我们现实中见到的用户有什么区别？面对未知的用户，机器与人又该如何相互理解，相互配合？如何通过用户转化满足经营需求？这些问题根据银行现有的经验几乎无法找到答案。已有经验与未知世界间总会形成相互的作用力，未知世界限制了已有经验的发挥，而已有经验又制约了对未知世界的探索。

混合赛道引发新竞争

　　电子商务的快速发展推动着第三方支付工具成为担保支付的主流工具，也因此使得不同银行结算账户的资金可以通过第三方支付工具进行汇划。这种通过平台化服务集成实现差异化议价及运营倾斜的方式，被银行界称为"降维打击"。

　　这种支付端的降维打击只是对银行整体打击中的一部分。随着"宝宝类"货币基金的成熟，用户的互联网金融使用习惯从支付逐渐向投资理财过渡，线上消费分期、现金贷正在加速资产业务化的进程。

而随着金融监管的完善，符合监管条件的互联网机构逐渐加入"金控集团"的阵营。这些机构相继获得金融牌照，并开始利用自身在流量市场的资源优势，实现与境内外金融机构的强强联合，开展合规的同业竞争。

传统金融机构中，中小银行正在进入新一轮的进化周期，其中民营银行借助产业链资源快速拓展服务边界；互联网银行借助长尾渠道优势发力长尾服务；农商行、信用社深耕下沉市场。随着全民金融意识的提高，以及智能手机的普及，金融在全社会的可得性不断提高，金融业已经在区域市场与客户管理层、产品与服务管理层、渠道管理层形成了复杂的竞争局面。

毫不夸张地说，今天的银行业或许正面临着自商业银行诞生以来最严峻的市场竞争，这种竞争既来自同业，也来自异业。金融正在从银行业务中抽离出来并成为更高维度的普惠服务，而传统的银行业务正逐渐从商业业务向基础设施服务转变。

银行服务还等于金融服务吗？银行还能成为最专业的金融服务提供商吗？银行在金融领域的核心竞争力到底是什么？恐怕这一系列有关银行定位的问题，每一位银行从业者都考虑过。

第2节　困境的根源到底在哪

每一个困境的背后都有复杂的根源，这些根源很多是不知不觉产生或不得已而为的结果，但几乎所有的根源都是以美好为出发点的。本节我们将从最外部的竞争影响，到银行自身经营诉求变化，再到内部协作三个层面去尝试拨开困境迷雾。

到底是谁抢了银行的业务

前面说了银行在互联网时代面临的很多挑战，这些挑战反映在经营管理中，主要是对营利能力的冲击。然而如果把问题拆解得更细一些，我们可以发现，互联网影响的核心是利润，而利润被影响的背后是业务的转移。业务去哪了？

从存款角度来说，资金沉淀的主体还是银行，资金的沉淀形式最终还是会回到底层结算账户中。第三方支付账户的形成仍然没有脱离对结算账户的依赖，只是资金账户形态从个人账户转移到对公账户中。互联网在其中的作用并非颠覆了行业，而是由于具备高效运营能力的消费场景使得资金的流转速度加快了，资金主体随之发生快速变化。这种变化是头部与长尾间的变化，也是个人与对公间的变化。这种情况导致银行间的竞争格局发生了变化。

从贷款角度来说，存在与存款同样的问题。受限于银行提供贷款服务的效率，以及风控方案的差异，贷款服务的提供主体从银行机构向各种消费金融、小额贷款机构转移，但最终资金方的主力仍然是银行。通过互联网的数据资产可形成新的风控模型，银行业通过与模型能力强劲的机构合作可提高风险经营水平，但相对应的是要付出引入模型的成本。

所以从存款和贷款角度来看，互联网没有抢走银行的生意，只是让银行同业竞争出现了更多不可预测的情况。可以说从消费互联网开始向产业互联网渗透发展的那一天起，便加速了资金从C端消费者向B端企业的流动，之后会加速向B端的上游或是B端员工流动，这个流转速度越来越快，曾经以日为单位，现在以小时甚至分钟为单位。最终这种快速而频繁的微变化不断累加，在客户管理和客户关系维护方面破坏了很多银行多年积累的存量优势。可以说互联网对商业逻辑的调整、对叙事方式的变革导致各个行业内部竞争格局变化，这才是当前各个传统行业受到冲击的主要原因。

由此可以看出，银行的核心业务本质上并未受到互联网的直接冲击，只是同业竞争格局发生了变化，互联网只是起到了催化剂的作用。

但是，银行在代理类业务方面就没那么幸运了，这类业务的竞争不再受到稀缺性牌照的保护，自然会遇到来自更多类别机构的混合冲击。

本质上来说，代理类业务并不属于传统银行机构的业务，而是一种从银行存贷核心业务中衍生出来的中间服务业务。代理类业务比拼的是代理服务的优劣，显然互联网企业比银行更讲究用户体验，无论是从代理产品的包装、平台品牌的把握、长尾用户心理的探究，还是服务体验的设计，都更加符合用户的线上服务诉求。而代理类业务的核心并不完全依赖于市场对银行的信任，还可以通过对产品的信任来建立代理关系，因此用户常会从小的尝试开始，慢慢形成消费代理类金融服务的新习惯。上述这些因素综合作用，最终导致银行代理类业务流失。

总而言之，互联网对银行的核心冲击，首先是削弱了银行机构之间的市场壁垒，激化了银行业竞争。其次是在一些非核心业务领域，实现了流程的再造、习惯的重塑，进而通过设立持牌金融公司，夺取长尾客户的业务。但是归根结底，对于银行来说，竞争不是来自异业，而是来自具有大量不同基因背景的持牌同业。

银行经营需求的微妙变化

面对竞争格局发生的变化，商业银行经营的需求也随之发生了微妙变化，而这些变化既是未来发展的希望，也是现阶段经营困局产生的诱因。

1. 从分级经营到数字直营转变

过去由于网点优势鲜明，对客连接手段较为单一，分级经营是传统零售银行效率最高的经营模式。但随着客户脱离对现金的依赖，网点的效能在下降，服务对象从全量逐渐退化到头部，再从头部变为"关系"。对于银行来说，大量客户难以真正触及，且由于人力有限，更难以对大量客户主动发起经营管理。而在数字时代，常见的做法是围绕大型平台做营销，或构建可承载数字客户的平台，吸引到客户后再做营销。但是分级经营模式中的主力——分行，在资源方面难以为继，而且其网络空间与物理空间存在经营错配，所以只能依靠总部的数字化直营。综上，在数字时代，经营模式和主体发生了潜在变化。

2. 从目标管理向过程管理转变

分级经营模式下，总部只需要管理目标指标即可，因为目标指标是驱动分级经营的指挥棒，实际经营依靠分支机构，所以指标规划是总部最擅长的领域。但当经营压力逐渐推动分级经营模式向总部直营模式的方向转变时，目标管理就难以再发挥作用，更需要的是对过程进行管理，即如何完成既定目标。

但是传统总部只是一个职能性机构，在经营能力方面几乎是空缺的，因此总部的数字化转型面临着前所未有的挑战。总部对数字化的原因很了解，对数字化的目标很了解，却对路径很不了解。究竟如何数字经营，如何直营，靠什么工具经营，工具体系是什么样，市场是什么样，客户有什么需求，如何应对，这些问题全部从分级经营机构向上转移到总部，这就形成了数字化的阻力。

3. 从对金融属性关注向对行为属性关注转变

银行掌握着大量的金融数据，所以时常站在原有金融的视角考虑客户，但是当客户与银行的触点变得薄弱以后，仅靠金融属性的应用难以再与客户构建连接，更不用说金融低频属性本身就难以维系高频黏性。但是关注行为属性，说来容易获得很难，因为行为属性的数据是沉淀在特定渠道中的。要想掌握行为数据，要么需与渠道联通，要么需自建这样的渠道。联通意味着广告营销的全面升级，自建意味着互联网产品设计能力、运营能力的全面提升，这对总部来说都是短板。

4. 从网点经营总部配合向总部直营网点配合转变

总部直营带来的变化不仅体现在经营主体上，还体现在组织内的协作关系上，传统时代总部提供产品、政策等各种资源，网点在一线冲锋。而在数字时代，总部通过数字渠道在一线冲锋，网点变为后勤保障，或线上与线下场景的联动主体。其实这样的趋势也符合新零售的经营方向，即让网点经营越来越容易，经营风险越来越低，让网点充分获得数字化所赋予的新能力。但在转变的过程中，如果总部不构建直营能力，则容易将赋能变成网点的负担。数字新零售的理想目标不该是"让天下没有难开的网点"吗？

5. 从专业化管理向精细化管理转变

过去的分级经营模式要求产品服务必须高度标准化，只有这样总部才能将分级经营指令传达到位，行政命令才能发挥效能。但数字化时代最大的特征就是"细分"，所有行为都可以通过数据实现细分，因此数字化时代才会迸发出高度差异化的经营行为，才会让人均贡献不断突破原有瓶颈。也正是因为有了高度的细化，才导致专业化、独立化、标准化的管理模式不再适用，才需要围绕差异化需求，快速组合、整合不同的专业服务，形成一揽子解决方案。

银行内部的七类割裂矛盾

经营需求的改变促使经营创新出现。当这些看似正确合理的创新诉求遇上存量规则时，便形成了不同类型的割裂关系，内部的割裂又进一步诱发了一系列发展道路上的新困境。

1. 存量与增量的割裂

增量的乏力带来了存量的矛盾，内部制衡关系的激化和推动阻力的形成，多数是因为增量见顶导致的。实际上，在新的时期我们更需要重新审视存量与增量的关系。增量既可以体现在绝对新增市场中，也可以表现为存量长尾的激活、存量价值的挖掘。未来市场中谁能真正获得或创造增量价值，谁就能真正获得改革发展的发球权，也能主动包容、弥合矛盾，成为统筹发展的主体。因此应该跳出存量与增量的限制，从价值创造的角度重新审视存量、增量，以及两者之间的协调关系。

2. 线上与线下的割裂

线上与线下一直是无法割裂的关系，因为线上行为存在于线下场景中，线下效率提升依赖于线上的交互。但多数机构的线上与线下管理存在很严重的割裂情况，这就不可避免地造成了不同属性渠道间体验的不统一、不连贯、不融合。

当前社会中，用户离不开线上服务是真的。但线上服务是未来一切服务的终极形态吗？不一定，甚至在未来线下会掀起新一轮的体验革命。因此无论是线上服务还是线下服务，孤立的渠道体验管理都难以获得未来用户的认可。线上与线下都难以真正全面满足客户真实的体验需求，只有回归到客户整体需求的视角才能更有效地把握线上和线下的关系。

3. 产品与渠道的割裂

多数机构将产品与渠道割裂管理。产品是上一个时代的热点，是交易经营驱动的；渠道是当前时代的热点，是体验运营驱动的。然而无论时代怎么变，资产业务、负债业务、中间业务的交易达成仍然是银行商业模式之本。渠道运营是一项不可或缺的基本功，脱离产品交易及客户经营的渠道运营是空洞的，而没有渠道触点的深度经营及持续迭代，也会使产品交易乏力。

产品与渠道的正确关系应该是，产品侧有鲜明的渠道策略，渠道侧对金融业务经营有深入的理解。

4. 技术与业务的割裂

在数字化的金融科技时代，技术研发能力成为重要生产力，而业务发展更多地延续了历史业务发展的模式。以银行为例，过往对技术人员的需求主要集中在提高研发效率和处理差错上，而对理解业务、产生极致体验、推动业务市场发展的关注度并不高；而业务人员普遍仅考虑当下的紧急需求，不考虑技术的基本框架，不重视中台延展力以及中长期市场诉求，这让技术迭代的效率大打折扣。在开放金融概念火热的今天，技术人员与业务人员的关系变得更加微妙，权责利也变得有些各说各话。出现这样的状况，本质原因是在转型过程中业务人员与技术人员之间缺少连接者与翻译者，缺少高效协作的统筹规划。

技术人员缺乏推动业务发展的积极性，业务人员抱怨技术是业务发展的阻力和瓶颈，双方在撕扯中降低了数字化发展的实际效率。

5. 内部与外部的割裂

银行过度关注内部的矛盾与阻力，以及对自身资源的应用，却时常忽略外部世界发生的变化。外部的变化既有业务理念的变化，也有管理理念的变化，还有社会关系和心理状态的变化。对于银行来说，内部变化比外部发展慢，等用尽全力追赶的时候，外部世界又进入了新的迭代周期，自然也就跟不上客户需求变化的速度了。

银行所了解的外部市场信息通常在缓慢的内部流程中不断过时，迈不开的步和收不回的腿让这样的差距难以缩短。内部的轰轰烈烈时常遇到外部的冷冷清清。

银行过度关注内部资源导致缺乏外部资源联盟的支持，从而导致发起的外部倡议难以引起外部市场的积极响应，所以银行内部单打独斗的案例比比皆是。

6. 总部与分支的割裂

总部与分支的割裂似乎由来已久。由于距离市场较远，总部对市场的残酷性感受不强，由总部制定的顶层策略通常更接近于方法论，但方法论与市场实践的距离在不同的区域可谓千差万别。在金融环境突变的今天，总部越来越焦虑于无法快速掌握变化的信息，因而对统筹管理的需求越来越强烈，并逐渐加大总部直营市场的参与比重。

在分支机构指标不变的情况下，总部对分支机构增加了诸多事务性的落实工作。但事务性工作对分支机构的经营影响甚微，投入产出比并不乐观。

另外，总部对市场和客户的直接理解始终不足，政策的初衷与落实总是有那么一点出入，导致分支机构执行动力下降，自主创新和创造性萎缩，造成战略传导效率降低，影响了政策管理的严肃性和纪律性。

7. 经营与管理的割裂

在各个部门组织中，存在着经营者与管理者两类思维模式。经营者的思维模式与管理者的思维模式总是不同的，经营者以创造价值为主要目标，管理者以控制风险为主要目标。经营者与管理者的意识割裂，导致经营者的战略目标在管理者执行的过程中，出现执行无目标、无产出或不闭环、无反馈的现象。

出现上述问题，原因不是出在跨部门的协作上，也不是出在外部冲击上，而是出于银行内部原有意识的惯性上，也就是重管理流程、轻经营目标，重细微、轻整体的惯性。

第 3 节　突围——六大布局方向

今天的商业银行寄希望于在数字市场获得突围的机会，市场上很多专家都提出了数字化转型的方案或建议。当身处商业银行经营的全流程中，再去客观看待商业银行的资源禀赋时，我们发现真正破解危机的发力点并不是内部管理体系的数字化，而是业务拓展层面的数字化。

因此今天的商业银行进行数字化转型，更应该聚焦于市场的诉求，从前端入手设计布局策略。我们把这一策略大致划分为六个具体内容。

1. 市场策略的调优

市场策略主要是指银行数字化经营时期的品牌策略。品牌策略曾经是围绕公共关系这条主线去管理的，而在未来数字市场的竞争中，由于银行的基本职能已经发生了巨大的变化，因此传统银行的概念在消费者市场中发生了偏离，品牌建设也需要从不太积极的被动管理方式向主动管理、主动建设的方向发展。

品牌定位明确才能找准市场对象，从而规划出有效的触达方法，因此市场策略是数字时代银行的经营之本。

2. 获客能力的提升

获客能力是一种综合化的获得市场的能力，它比市场策略更加具象，体现为一种可以与客户建立持续沟通的渠道。传统银行获客只讲究业务获客，而业务实现的是转化，获客需要的是渠道能力。数字时代"渠道"是沟通的基本工具，无论是自建渠道还是应用外部渠道，都需要一套持续获客、持续与客户建立连接黏性的渠道体系，并从市场策略中细分出渠道市场策略，将其作为一项独立的市场策略重点发展。

3. 运营方法的升级

运营方法是指围绕渠道建立连接，并通过丰富的服务促进客户持续活跃和交易达成所需要的具体方法。传统银行运营主要指业务运营，而金融科技视角的运营更接近运维的概念，对渠道内的数字用户及其数字行为的运营涉猎较少。

运营并不是孤立存在的，体验上的持续改善、针对数据进行的持续监测挖掘、对界面内服务推送内容的持续更迭以及各种围绕存量用户市场的活动等都与运营相关。运营对于大多数互联网机构来说，同样是个模糊且综合的"万金油"职能。运营方法升级是商业银行应对数字时代客户经营的基本能力。

4. 业务服务的包装

这里的业务是指与商业银行有关的业务。我们总说金融业务与大众消费品交易有很大差异，金融业务追求的是风险的适配性，它并不能依靠对欲望的刺激实现营销目标。但是这并不代表金融业务不能通过深度包装实现营销目标。为金融业务找到对应的场景，将金融业务转化为场景业务，然后找到场景中的市场共鸣点，就可实现金融业务与营销目标的对接，而且这种方法更符合当前金融业务发展的基本模式。

金融业务既可以高度概括为"存贷汇"三类基本业务，也可以扩充出极其丰富的金融业务体系。从客户经营的角度来说，金融业务的开展最终要回归到对业务本质的探寻中去，从业务本质中找到金融业务与"人"的基本属性之间的强连接点。

5. 输出体系的完善

近年来开放银行的呼声此起彼伏，产生这种需求的缘由很多，但核心缘由还是"牌照的有限性"。银行机构跳出自有经营体系，实现服务的对外输出，一定不是简单地赋能，更需要把握客户关系流失、违规业务经营、竞争加剧、市场份额丢失等一系列风险问题，输出的难点不在于技术本身，而在于输出之后一系列权责利关系的变化。因此合理有效地输出需要一套数字经营体系作为支撑。

6. 生态系统的构建

生态化的经营发展是数字经营的主体。在数字市场中，与业务链条相关的各个机构都被数字连接在一起，因此实现了对经营数据的共同建设和维护。在银行开展经营决策的过程中，自身经营数据虽然有效，但通过这些数据只能看到现状，对未来市场的判断越来越依靠服务生态数据。生态系统不仅包括场景，更包括企业端、政府端的融合，还包括与银行经营相关的市场服务、运营服务、技术服务、销售服务等各类配套服务的系统数据融合。

以上就是对六大布局的简要阐述。解开商业银行数字化经营存在的谜题，找到适合自身资源禀赋的方法，实现市场的有效发展，离不开对这六大布局的梳理，以及对其内在关系的厘清。接下来的几章我们将以此为结构通过专题的方式展开介绍。

|第2章| C H A P T E R 2

宏观把控金融市场运营方向

营销与运营对于任何一种商业形态来说都是至关重要的，但对传统金融行业来说，营销与运营的意义有一点特殊。银行业在过去的很多年里普遍处于供给不足的情况，而今天银行进入综合化经营的时期，市场竞争发生很大的变化，营销与运营的作用也发生了变化。金融行业在新时期的运营特点是什么？网络金融与传统金融又有什么业务领域上的区别呢？

第1节　点亮市场这座灯塔

影响金融市场发展的因素有很多。本节所述金融市场聚焦于金融消费者领域，尝试找到一些金融对客服务的共通点，从大众市场的角度来分析金融市场的现状并展望其未来。

当前金融市场的特点

仔细观察市场不难发现，零售是所有商业的基础。对公的生意无不是从零售延展而来的，对公的组织也都是由零售对象构成的，因此零售根基的稳固程度决定了从 C 端到 B 端到 G 端的未来趋势。

过去，为了用有限的资源抓住价值主体，大部分经营机构都聚焦于对大的企业客户或者财富类个人客户等头部客户的挖掘争抢。但头部客户是有限的，今天乃至未来的市场，应更关注中长尾的崛起。

金融行业的经营模式也逐渐从找资源向培育资源转化。果子摘光了自然需要自己种果树了，而种果树就需要长期打理、看护。

今天银行业面对的金融市场是一个基数庞大、头部与长尾差异显著、高度数字化的市场。经营这样的市场，就需要延续传统头部经营模式，并不断优化服务内容，同时用新的市场策略、产品设计方法、运营管理理念、技术工具去经营新的海量长尾市场。

面对新市场，商业银行是要开户拉存款、做支付赚中收，还是要做消费信贷？在方法上，是以企业金融服务为轴心，做联合市场层面的合作，还是单纯在场景数据层面开展合作？这些问题大家一定都考虑过，但是最终似乎没有一个明确的答案，好像都该做。但是都该做，就变成了很难做。因此我们需要回归对市场特点的分析，找到其中不变的因素。

如果我们只把做金融看作一件极其朴素的事情，从资金入账到出账，就像一个人生轮回，即金融在人的成长中不断发挥作用。

从出生开始，我们的钱来自家长，家长的钱来自工作单位。当我们上大学后有了自己的账户，主要是大学的学费、生活费账户。结束学习进入社会后，开始有了依赖自己工作单位的工资账户，而消费则逐渐转到另外一个体系，这个体系是以优惠、补贴、积分等权益为核心进行考量的。再到有了子女，转由以孩子为主导，于是又开启一个新的轮回。

在这个过程中，金融业务不可或缺，而金融服务机构的选择却高度依赖人在不同时期的不同状态。

在人与金融交互的变化轨迹中，以及在人与家人、人与企业单位的关系中，资金的接受关系决定了金融服务的选择是被动的，而消费与权益、资金的给付关系决定了金融服务的选择是主动的。这种现象在资金业务中就是借记与贷记两类主要业务的主被动关系，这两种关系对应着两个差异甚大的市场逻辑：借记业务抓"资金上游"，贷记业务抓"资金下游"。

金融服务的市场孕育于特定的节点，市场营销管理的核心在于节点管理，尤其是大学、求职、婚姻、生育、赡养这样的核心节点。

对节点的挖掘，既是对客户的洞察，也是超越"二八法则"，对包含长尾的全量市场的洞察。对生态的建立，既是对持续业务转化的运营，又是对成本与收入的全盘精算。

在节点之上，才是对公司机构业务的延伸合作，这既是对服务场景的创新获取，也是对金融服务生态的打造。进而依靠零售客户在特定节点的刚需，撬动更持久的从 B 端到 C 端的循环。

在市场策略足够清晰的情况下，营销的重点才是需求的凝练和产品的具体形态设计。也只有市场策略足够清晰，才能决定金融服务在市场中的切入方式，决定品牌的呈现形式，以及营销的落地方案。

总体看来，零售看似变了，实则变的只是交互方式，底层的市场需求没变。

金融市场的未来

关于金融市场的未来，不同的人有不同的观点。当前的世界快速变化，我们寄希望于从快速变化的趋势中找到机会。

1. 互联网的新红利契机

从互联网的发展历史来看，最早期的发展红利来源于线下行为线上化带来的颠覆式效率提升，这种变化推动了用户行为的入口从线下转到线上。

个人电脑、互联网技术的普及创造了最早的市场红利，各类服务虽呈现爆炸性增长，但仍难以跟上互联网用户的增长速度。

随着个人智能手机和移动互联网普及的深入，互联网用户增量市场进入瓶颈，服务开始进入深度挖掘用户价值的阶段，用户服务开始转型，也就是进入服务整合与入口抢夺的阶段。

很多人将互联网对传统产业的影响归结为技术革命的结果，而如果仔细分析会发现，**互联网在流量争夺中最核心的竞争力是文化**。这种文化来源于行为背后的交互方式、品牌调性、人群属性，即对人性的挖掘，技术只是辅助实现了互联网对新的社会关系与文化的解读。这种文化的塑造，具象化之后就是体验感，它在事实上构建了真正的用户黏性。然而文化在互联网的范围内不断被塑造，是好事也是坏事。

庞大的用户量带来指数级上升的运营难度，而最好的运营方法就是标准化。即便是一些解决千人千面内容展现需求的算法，本质上也是一种标准化。标准化的运营并不生成新的文化，没有新的文化碰撞，新红利也就难以酝酿。

因此互联网未来的红利，短时间内很难依靠硬件实现，更多地需要依靠新的文化的形成来实现。或许这样的文化将会在00后甚至10后群体中发芽，因为这部分人群从出生就开始接触最先进的技术，几乎没有来自传统"文化"的束缚，而且这部分人尚处于黏性不足但尝鲜意愿强烈的状态，是宝贵的增量用户。

2. 大银行格局相对稳固，股份制、外资行服务成为补充

银行在人们日常生活中的角色变得越来越底层，这个过程是一种无形化的过程，这让银行逐渐回归服务的本源——对储蓄的运营管理，提供较低成本的资金融通服务，以普惠化服务为方向，直接促进货币政策、产业政策的落实。然而一些问题也在逐渐显现，人民日益增长的对美好生活的需求，势必会体现在对金融服务的需求中，因此银行在大众金融服务中的角色与结构也会发生变化。

不同的银行由于存量构成不同，可能会形成越来越鲜明的服务文化，六大行和非六大行的分界线也会日益明显。六大行之间，在标准化、普惠化、规模化方面的竞争可能会日益突出，竞争之下会日渐形成稳定的行业化格局，以存量服务行业类型作为划分依据。

股份制银行面对与大行的竞争，会更加努力地寻找文化层面的差异点，逐渐形成独有的气质，其采用的模式更趋近于以新文化带动的"粉丝经营"模式。股份制银行和六大行的用户切分维度不同，但是可以同时存在。城商、农商等银行以区域进行划

分，将更容易受到来自具备互联网渗透能力的同业的冲击。

此外随着金融开放进程的加快，外资银行可能会加强对零售市场的关注，或许会带来新的以国别文化为区隔的细分市场的格局变化。

3. 互联网持牌加速，服务体验与渠道创新迭代加速

互联网的流量发展进入后半程，从对用户发展指标的关注正式进入对收入指标的关注。

为了补足交易能力背后的金融服务能力，收割更为持久的金融服务利润，互联网机构应以收购存量机构的方式加速持牌，从销售许可类牌照入手，增强 C 端流量变现能力，再向金融业务许可类牌照蔓延。

这类互联网机构主要是已经有规模流量的互联网机构，在得到销售许可后，它们会在金融服务流程、体验方面进行优化突破。与之对应的，缺少流量的金融机构在市场中的话语权将被不断弱化，为了换取流量与业务，金融机构的利润或许会向互联网机构流动，从而达到一种"市场的平衡"。

4. 非银行金融机构进入市场升级的红利期

银行金融服务需求与市场金融服务需求的发展速度不均衡，以及市场对新事物接受意愿增强，使非银行金融机构可能进入新的加速发展赛道。非银行的金融机构属性，也能为非银行金融机构提供更加灵活的市场应对策略，以获得市场升级的红利。

部分非银行金融机构从私募转到公募的门槛降低，这会带来更多的市场升级红利，但是非银行金融机构可能缺乏应对市场变化的经验。市场的变化可能会改变非银行金融机构的运作模式，所以市场的变化对于非银行金融机构来说既是巨大的机遇，也是不小的挑战。因此非银行金融机构在互联网服务方面的布局与投入，包括渠道建设、市场合作、资本协作等，可能改变金融机构在网络金融领域的竞争格局，甚至起到侧面支撑的作用。

5. 渠道加速碎片化，内容成为维度更高的服务

面对渠道的碎片化发展，内容成为更有效的渠道流量整合工具，金融机构对优质内容的关注度会不断提高。

内容既可以为存量客户提供服务，也可以成为抓住增量市场的触手。过往金融机构对于内容的关注度不足。在版权处理日渐正规化的今天，精品化的内容创作可能会成为新的运营主力。

在内容形式方面，随着5G技术的推广应用，以及硬件芯片处理能力的提升，内容将朝大格式、观感体验更立体的方向演进，客户对实时互动性内容的需求度可能会更高。

同时由于金融机构对客户的维系将逐渐回归到对"客户权益"的运营上，而大量的权益内容，由于其高维度、跨平台的属性，将日渐趋同，客户将成为新的补贴大战的获益方。

6. 新技术带来的市场变迁

2019年ETC的大规模普及是一个信号，即围绕车辆的数字化生态机会增加，再回看车场服务的发展、路侧停车的变化、自

动驾驶与 5G，ETC 早就从高速公路场景中释放出来，将成为车辆数字化服务的中心。围绕车辆的大数据、支付甚至相关产业都会被进一步刺激，这其中涉及个人小客车、客运用车、公务用车、货运车等。

此外，新型的家庭智能终端正在快速崛起，这与居家物联网密不可分，与之相伴的是金融加速从个体服务转变为家庭服务，家庭成为获客的新目标。

关于 ETC 的内容，后面会详细介绍，这里就不再展开了。

第 2 节　商业银行的发展与破局

商业银行是金融市场中的一个重要主体，但商业银行服务的基础客群与其他很多金融机构的服务客群也存在差别，背后的营销运营逻辑更加特殊，本书将从定位、痛点、关系三个角度对商业银行进行分解。

商业银行的市场定位

商业银行作为业务最为综合的一类金融业态，剖析其市场定位对我们了解整个金融生态有很大帮助。对当今商业银行市场定位的探究是理解商业银行在数字化时代核心市场痛点的切入口。

从商业银行主营业务的角度来看，传统商业银行主营存款业务。"贷汇"业务都是在存款业务的基础上构建的，能够开展

"吸收公众存款"这一特殊审批性业务，也是银行机构与其他机构的最大区别。这一主营业务的特殊性也使得商业银行需要背负更多的监管责任和义务。

把吸收的存款贷出去可以换来利息，这些利息在跨越运营主体、跨越沉淀形态的经营过程中形成了中间业务收入。所以银行的市场定位一直是清晰且固定的，无论是线上渠道还是线下渠道，都是围绕着吸收公众存款这一主营业务去设计的。

从渠道经营模式来看，商业银行渠道都是从线下发起的，出现这种情况的原因有：

❑ 金融业务需要建立较强的信任关系，属地化管理能够更有效地隔离风险。

❑ 早期数字化还未像今天这样普及，对现金的吸收汇集强依赖于线下机构对区域内居民、企事业单位现金的管理。事实上，在金融监管不断强化的今天，这种阵地化线下渠道仍然在发挥着主要作用。

银行线上渠道则是在线下阵地的基础上，为了方便达成交易、减少柜面服务压力形成的一种依附于线下服务关系的"工具渠道"。从手机银行的完整使用必须要通过柜面开通、具备结算账户也可以看出，这一线上工具带有明显的依附属性。

从商业银行的国家职能来看，一存一贷之间，货币通过信用派生出来，从而影响全社会货币供给。因此除了传统的业务经营职能外，商业银行同时发挥着货币政策有效传导的职能。

商业银行在市场经营与政策传导方面的职能共同决定了商业银行在市场中的定位。

商业银行的市场痛点

在互联网进入快速发展期以前，商业银行的市场定位是清晰明确的。对市场来说，银行代表了与资金相关的服务。在个人财富积累的时代，银行这种安全的线下服务成为满足资金与金融需求的主要渠道。但是这种金融服务关系伴随"移动支付"的兴起，发生了看似微妙实则巨大的变化。"小额支付行为"的变化带动了人们对传统金融服务需求的变化。

银行基于"储蓄需求"开展后续经营，互联网开展金融业务则是从"内容阅读需求"延伸到"消费需求"。银行是以息差为金融经营的出发点，这会影响资金使用行为；互联网是以中收（中间业务收入）作为金融经营的出发点，这会影响存贷行为。而中收经营的一个很重要的特征就是"流量化运营"，这与互联网的定位吻合。

从经营痛点的角度来看，这个时代银行的经营压力确实不小，这种压力来源于传统业务上的不稳定性和新领域发展上的不确定性，同时不断增加同业竞争，以及不断改变市场规则的异业竞争。

从大环境来看，虽然降准会带来资金量的释放，但是同业激烈竞争也在不断推高存款成本。收入方面 MLF 下调会带动 LPR

定价的持续下降，不断压缩贷款价格。这些都会导致经营息差这件事压力重重，比如导致经营质量无法突破，只能在基础规模和绝对量方面争取实现突破。

而在中收方面，旺盛的消费需求和移动支付普及促使资金流动速度加快，第三方支付机构在中间收益上"砍几刀"已经不可避免。在投资理财方面，互联网机构纷纷加大宣传力度，投资教育的普及加快了存款理财化速度。无论是支付业务还是投资理财类业务，做大交易规模虽然很好，但是中收和息差这两件事情本身就带有制衡关系。

或许除中收规模以外，资金在流动中实现最大化留存才是当下银行更主要的目标，但压力在于流动需求增大，这对中收贡献和存款承接能力的影响比以往更难及时评估。这种对中收的把握，本质上也是对市场关系的把握。

因此当下银行经营压力可以大致总结为：

❑ 在息差压力下，争取绝对量提升，并拓展中收来源。
❑ 针对中收的来源，一边保收入，一边保存款。

业务源于业务关系，而业务关系源于市场的定位与联系。在2020年这个起点上，解决业务这一痛点的方法似乎已经不再是单纯地获取场景流量，毕竟这个时代的流量已经唾手可得，且构建关系的入口无处不在。更真实的痛点在于对"关系"背后信息的全面掌握和对"关系连接"的全面定价。关系信息及关系定价由"深""广""远"三个维度构成。从企业个人一体化的角度，对获客、激活的成本与收入进行综合平衡，从而创造新的利润贡献，这可能是未来数字化经营中更重要的定位职能。竞争对标并非互联网，而是同业，互联网只是改变同业经营格局的变量之一。

从业务管理部门的角度来看，除了常规业务经营不能放松以外，关系经营更是新时代市场工作的主要牵引力，这个关系既有业务驱动的，也有场景驱动的，还有关系自身驱动的。

对于银行来讲，业务经营压力固然存在，但关系再造的紧迫性更为强烈。关系再造解决的是业务的承接能力，也是对业务背后勾稽关系变量的梳理与掌握，是在增量到达瓶颈的时代提升存量经营效率的主要手段，也是从现有关系找到新增量更有效的路径。

而如何在"存款经营者"这个基础定位之上，加入"关系再造者"这个特定阶段新的定位，可能需要从组织到个人对目标进行再梳理，从而进一步解答关系在哪、体现形式是什么、如何强化关系、如何建立关系、如何将关系与业务做融合等问题。

金融、互联网与科技间的关系

一段时间以来大家似乎都有一种感受，银行的日子越来越不好过了。这种不好过，一方面体现在增量市场越来越小上，另一方面体现在存量市场越来越难以守护上，反映到经营层面就是营收和利润压力越来越大。出现这样的结果其实并不意外，其根源在于供需关系的变化使得买卖双方的关系发生了变化，而互联网是这种变化的主要推动者之一。

互联网通过流量的市场化运作，为每一个创造流量的个体赋权，用户至上是互联网抛出的最重要的命题。而用户作为体验型经济的主体，并不一定是创造交易价值的客户群体，自然市场和商业的战场就从最终的交易，向前延伸到了交易前的一系列"决策"服务。

互联网络金融的兴起，也只是互联网买卖过程中对资金流的更深层运营。无论是以解决电商信用问题而形成的担保支付工具，还是以社交关系为基础的快速收付款工具，或是基于贸易账期的企业金融服务平台，所有互联网络金融都生长于互联网所服务的特定场景。所以先金融后场景的金融机构，与先场景后金融的互联网机构，具有截然不同的发展脉络，自然金融在当中扮演的角色及发展方式也不同。

笔者一直认为银行对用户的理解过于粗糙，似乎只有"高净值""长尾"，或者"老年""中年""青年"，或者"城市""乡村""白领""学生"这样的划分方式，所以在商业银行的场景战略中，从来都不曾真的解决社会的真实痛点。

商业银行理应成为推动社会数字化发展的中坚力量，因此构建场景，不仅是解决金融"无场景"这样的自身问题，还是解决社会数字化生活的核心痛点问题。

但当我们面对商业银行所提供的场景服务时，多数只会想到"平台化""入口聚合""补贴"这些看似"便捷"却几乎与人们生活核心痛点毫无关系的服务，甚至不同的服务聚焦的都不是同一类目标受众。这种大杂烩式的"主题服务"，距离解决痛点需求的"场景服务"还有很远的距离。

所以很多商业银行的场景平台，看起来似乎没毛病，但在推行市场化，形成高黏性、高频流量的过程却无比艰辛，说到底还是没有真正解决市场的需求，甚至没有了解真实的市场需求。这就是所谓的"金融机构主导的场景化发展缺乏自己的核心功能场景"。

有些商业银行已经不再继续试探场景的建设与运营，开始做起软件开发公司的生意。软件开发本质上是科技开发能力的市场化。然而纵观市场，在软件开发、科技赋能这条赛道上奔跑的互联网企业，无不是基于市场和数据的赋能，而数据赋能本质上也是市场赋能的一种。

银行业作为最早一批进行数字化发展的行业，因为在信息积累方面的优势，使其成为那一时期的"信息中介"。然而随着整个社会数字化水平的提高，以非金融为主的大数据爆炸式增长，市场价值也从交易节点向决策过程迁移，场景数据的拥有者成为新时代的"信息中介"。对于商业银行来说，围绕数据的科技服务能力自然也就发生了变化。

互联网对渠道的改变，是一种对市场关系的改变；**科技对管理的改变，是一种对服务效率的改变**。所以商业银行所面临的，既有互联网渠道层面的冲击，也有科技效率层面的冲击，两者存在的问题与破题的方法都不同，需要分别应对。只是有时候冲击的来源都是同一波壮大起来的互联网企业（或由于互联网集团的混业经营），让人感觉似乎变成了一回事。

商业银行在应对市场冲击的过程中，在深耕属地化市场、实现线上线下联动、人与人（员工）沟通交往、夯实存量客户基础、资金流把握、资本掌控方面极具优势，这些都是破局和弯道超车的撒手锏。

第3节　网络金融的商业模式和破局之道

网络金融是近几年银行在大力发展的领域，网络金融的发展固然有其风险性，但我们更希望去仔细探究网络金融要服务的市场。本节我们将对网络金融进行一次较为细致的梳理。

网络金融的理想与现实

银行的网络金融业务从线上产品化起步，逐步发展到平台化，乃至生态化。那么网络金融的未来到底在哪里？

1. 银行在网络金融方面的尝试

对于"网络金融的未来到底在哪里"这个问题，每个人的答案都不一样。要想找到未来出路，首先要找到当前的问题。那么就当前情况来看，网络金融面对的首要问题到底出在哪里？是流量缺失、机制不足、人才流失还是其他因素？对于这个问题，每个人的答案都不相同。

有人说，银行要学会掌握流量，因为如果把自己的全部业务压在第三方流量平台上，终究会失去对成本的控制权，互联网流量平台会一步一步吞噬掉银行的利润，从获客成本的提升到交易成本的提升，未来银行的每一步都将举步维艰，最终沦为一种为互联网企业做金融服务的基础设施。为了破除这种困境，银行进行了多种尝试：

- ❑ 强攻大数据。有些银行认为，数据才是未来的核心资产，通过数据提供智能化的金融服务，通过数据提高风控水平，通过大数据实现千人千面的金融服务，再不发展大数据，数据价值将会萎缩。
- ❑ 开放生态，改变金融服务的单点合作模式。有些银行认为，只有将金融赋能给整个商业链条，构建商业生态，才是未来金融创新的主流模式，才能构建强有力的商业壁垒，才能创造更丰富的数据维度。
- ❑ 积极掌握各种热门技术，并将其应用到金融服务之中，以构建核心技术壁垒。
- ❑ 在创新之路上实行扁平化、团队制，实施更为敏捷的管理机制。

……

其实这些年银行在互联网创新上的努力有目共睹，但看起来又总是让人觉得怪怪的，显得不伦不类。

2. 银行为什么做不好网络金融

很多银行把网络金融发展重任压在电子银行部或者网络金融部身上。从账户到支付，从融资到理财，从数据到交易，从运管到内控，从人力资源到企业文化，银行的网络金融战略早已不是单纯互联网渠道优化的问题，而是从底层科技到各个产品线乃至各个中后台的全面优化甚至是再造的问题。

对中小银行来说，网络金融有时候更接近于一张白纸，只要有优秀的画师就可以尽情描绘未来；而对于大型银行来说，网络金融的发展更像一张褶皱的旧稿纸，其上纵横交错的历史线条和皱褶都是摸着石头过河后留下的印记，它承载了银行线上服务发展的历史。要想在这张旧稿纸上创作出好的作品，不仅需要精湛的技艺，还需要极强的修复能力。

银行做网络金融会面临各种束缚，这些束缚来源于：

- ❑ 底层架构的庞杂。
- ❑ 部门间难以捅破的利益制衡。
- ❑ 监管及不同的人对监管的不相同解读。

增速回落、利润率下行的压力让银行渐渐失去创新的勇气。创新的勇气更多地转变为厮守的毅力，用以维系成果与现状。面对这些剪不断理还乱的困扰，很多银行选择成立新公司，设立独立法人，以求探索出一个新局面，即抽出一张新的白纸重新创作。这样不仅少了存量价值的包袱，少了业务部门间的惯性阻力，还让网络金融重新成为银行全部业务的创新方向，而不再纠结于网络金融到底是一个渠道还是一个产品。有些银行尝试重新梳理与监管的关系及沟通机制，背靠该用、能用的资源，以求在内部开辟出一条相对独立的孵化发展之路……

银行网络金融要构建自有流量的运营平台，要构建体验更优的全线上金融服务，要构建更开放的生态金融合作体系，每一个理想目标的背后，都有着严峻的现实制约因素。来自互联网的冲击很残酷，而更残酷的是自我的束缚，这些束缚会演变成为内心的癥症。步子迈小了不行，迈大了不敢，一只脚落在体制内，一只脚悬在体制外。创新的孵化机制以及资源配置，甚至还比不过一个二流的民营孵化器，就更不要说企业文化这些意识形态的创新与提升了。

"身病易治，心病难医"，银行网络金融的发展，更要突破内心的束缚。

网络金融的基本商业模式

市场上有很多关于网络金融的商业模式，比如有按用户属性划分的商业模式，有按行业属性划分的商业模式，还有按收入类别划分的商业模式……我们在搞创新的时候，大多希望设计出一个玄妙、充满机关，且让别人一眼看不透的商业模式，以求构建所谓的"壁垒"。

然而商业模式这个东西真的高级吗？是否"羊毛出在猪身上狗来替狐狸家的小松鼠买单"就是一个精妙的商业模式？其实最好的商业模式从来没变过——把对的产品卖给对的客户。

很多所谓的创新，无非创在了三个方面：

❑ 创造了一个与众不同的产品（创新产品制造）。

❑ 开发了一批足够优质的客户（创新洞察方法）。

❑ 开创了一条将产品匹配给客户的通路（创新渠道模式）。

那么网络金融的商业模式该如何设计和创新呢?

- ❏ **开发与众不同的产品**。网络金融产品需要符合商业银行产品的管理要求,需要与银行现有金融产品高度一致。网络金融具备存、贷、汇三类金融产品线。

- ❏ **开发一批足够优质的客户**。网络金融的客户应该与电子银行的存量客户做区隔,可以按年龄段、兴趣爱好、职业或者地理位置划分客户。

- ❏ **开创新的服务通路**。网络金融可以选择自建平台,抓取亮点功能,抓住用户的底层痛点,做精准的广告投放,实现新建渠道的拓展;或者通过低门槛,面向全市场用户提供服务,寻求互联网平台合作,将金融业务与互联网的资金关系进行融合,实现嵌入式运营。

上述三个选项均能构造一个闭环商业模式。

所以如果你要问:"存、贷、汇"哪个更有市场?年轻人、中年人、老年人、自由职业者、金融民工、小剧场演员哪类客户更有价值?是自建平台还是与互联网平台合作更有优势?这些问题无法明确回答。因为这些都不是可以直接对比的商业模式维度,也没有对比的必要。在精耕细作的数字化时代,这些都重要,都有可为的价值空间。

要拓新,就要大胆深入未知群体,获得新的数据源;要固本,就要好好做足存量需求洞察;要出新产品,要么自强不息自我创新,要么借他人之力形成联合创新;要获得新通路,就要考虑是让自己不断形成新的性格,还是干脆果断做一个不一样的自已。而对于商业模式本身，就别再用华丽的辞藻和复杂的模式烘托、渲染了。

网络金融的市场到底在哪

随着互联网战略的深入，各个银行纷纷启动改革，最明显的一个变化就是将电子银行部改组为网络金融部。那么网络金融到底要做什么？这个看起来特别小白的问题，却代表了商业银行战略转型的核心意图。

1. 怎么理解电子银行

历史上的电子银行是围绕存量客户开展服务的，电子化的银行柜面业务是电子银行的主要服务内容，因此电子银行是一种业务形态，手机银行或 PC 网银只是伴随这种业务形态发展出来的电子渠道。那么网络金融又是以什么为核心呢？

如果网络金融与电子银行的服务核心从未发生过改变，那么从电子银行到网络金融的转变，无非是换了个名字而已。

电子银行业务一直以来作为零售业务的一部分，与一般银行内的个人金融、信用卡业务存在很多的交集，这种交集中也有很多难以划分的业绩统计问题。之所以产生这样的问题，一是因为这些零售部门绝大部分是为存量客户服务的，二是因为电子银行短期难以界定是一种业务还是一种渠道，属性的模糊导致统计与管理的边界难以划分清晰。所以说电子银行的角色定位是非常特殊的。个人金融与信用卡都可以成为利润中心，而电子银行却很难有同样的定位，自然在话语权、资源配置水平上也无法和利润部门相比。

驱动电子银行转型的最关键原因是什么呢？笔者认为是市场和获客逻辑。以账户管理为核心的个人金融和以个人消费为核心的信用卡，都是能够独立获客的金融产品，能够体现独立获得增量市场的能力，而电子银行并没有。

电子银行的获客多数依赖于账户的开立，整体营销策略也是围绕存量账户进行服务渗透的，因此电子银行从逻辑上一直属于另外两个零售部门的中台服务部门。而即便电子银行具备直销银行的市场开拓能力，却也因为金融服务监管的特殊性，以及整体营销资源和互联网运营能力的缺失，导致其获客效果无法与线下面对面的阵地营销相比。

互联网这种通过病毒式传播提高获客效率的特征在电子银行业务上几乎无法体现。因此电子银行一直以来几乎没有自己独立的市场定位，也就没有独立的客户群，只能从全行的大零售盘子中去分得客户。由于客户重叠，市场机制的矛盾自然而然也就体现出来了。

2. 网络金融应该怎么做

银行在互联网领域的投入一直在不断纠结中。作为全行的线上部门，网络金融部门却缺乏诸多互联网发展能力，难以有效聚焦发展目标，错过了互联网蓬勃发展的红利期，导致"银行"这一商业形态在互联网中被弱化，用户对银行的整体感知逐渐降低，银行与客户的交互黏性越来越弱。

最近几年，很多银行提出了"用户策略"。这个策略切入的角度很好，即以用户为中心，重视用户体验。但是在执行的过程中，却难以见到用户营销策略以及向客户转化的规划设计，银行仅是把存量客户变成用户，靠客户推动用户活跃，这样的逆操作比比皆是。银行系 App 虽然发展突飞猛进，但仍旧是对存量客户不断进行转化，通过线下渠道重复营销，内部蛋糕切来切去，激化了内部矛盾。

网络金融在这样的发展中，一方面哀叹自己"弱势"，另一方面却几乎未构建自己独立的市场与客户群，只是不断争取存量业绩，弱势的结局也就在所难免了。

网络金融的市场究竟在哪？这么看来，网络金融的市场定位必然要与电子银行不同。网络金融的增量市场不是以金融交易为起点，而是借助互联网的技术，去快速建立连接，获得用户及数据，是以信息服务为核心的用户服务作为起点。网络金融不依靠传统渠道去进行市场推广，而以新的数字营销技术作为驱动去挖掘新的推广模式。这部分市场甚至不应该以"行内""行外"去做区隔，因为这样的市场划分方式，仍然逃不开电子银行的存量思维束缚。

用户的流量市场，才是网络金融应该重点构建的目标市场。此后，才是通过开放 API 整合行内产品的线上能力，用电子账户承接交易行为，对流量市场进行转化。

如果用户流量是网络金融的核心，则有更多的市场策略需要考量，比如如何引入流量、如何留存流量、如何运营并转化流量、选择什么样的场景，以及到底是自建场景、共建场景还是完全依赖外部场景，还要考量场景如何管理、如何考核、如何准入退出、合作方案如何设计。

当然，我们在很多银行的网络金融部门中并没有看到真正的层次化的市场运作策略，看到更多的却是网络金融与金融科技的混淆——自建、合作、外嵌的混淆，没有可操作的标准的场景策略。最终的结果通常是平台互相混合或者配套平台整体不健全，产品服务不具备吸引力，导致推广困难、合作不对等、流量留不住，看似有一堆平台，却无法形成合力。

没有结构化的市场策略，也就难以构建网络金融自身的市场空间，也就得不到网络金融自身的核心价值点。

3. 总结

网络金融，需要承接电子银行本身的存量客户服务能力，也需要拓展独立新市场的服务能力，因为面向不同的市场主体和服务诉求，这是两类截然不同的业务。

两类市场都存在 2B 和 2C 的业务机会，而新市场在网络金融的层面，只能是"获取用户→转化客户"的运作逻辑，而用户的服务设计才是网络金融当前工作核心。网络金融配套的科技资源，都应该围绕这个目标开展。

而用户向金融服务的转化，不是依靠电子银行，而是依靠API 的平台能力。API 不应仅对外应用，还应在内部体系广泛应用，在"具备运营权的用户流量范围内"，开展金融产品的场景化包装，努力通过视觉感官、产品价格、操作效率去提升转化率。

综上，网络金融的目标市场只有 4 种形态。

（1）**电子银行存量市场**。基于柜面服务电子化的工具型服务，主要形态是手机银行。

（2）**自建场景增量市场**。基于与金融相关的信息服务、数据服务，开展面向全部互联网用户的市场拓展，形态是自建 App 或自建流量平台。

（3）**合作场景联运增量市场**。与外部有场景或有内容运营能力的机构合作，共同推出面向全部互联网用户的市场服务，形态是合作开发。

（4）**外部场景增量市场**。与外部成熟的场景机构合作，在其场景中嵌入银行服务，面向对方场景的存量用户提供服务，形态是直销金融服务输出外嵌。

基于以上这四个目标市场，银行应该做的事情如下：

（1）与其他部门的联动，让科技部门做好"金融科技"的工作，由各业务部门做好各自产品的竞争力构建和风险管理工作。

（2）设计场景策略，明确场景的考核与准入退出管理机制。

（3）设计对应的场景产品，不断推陈出新，向市场供给有新鲜感、有价值的网络金融服务产品。

银行品牌在互联网时代的缺位

银行的品牌都很大，从每年发布的品牌价值排行榜就可以看出，中国的银行业品牌影响力不可小觑，但是多数品牌价值都是基于无形资产的会计意义去评估的，即便加入了市场、消费者等因素，总体还是基于财务的分析。

高品牌价值是否等于高品牌影响力，这在不同的业务领域可能有不同答案。品牌价值更代表当下，而品牌影响力更能决定未来。

品牌这个东西很多人觉得很虚无，其实中国大部分企业对于品牌锻造的在意程度一直不高。虽然近几年互联网的竞争日益激烈，从而带动零售市场转型加速，但就整体市场而言，对于品牌的关注仍然不足。这种不足更多体现在那些靠旧市场红利成长起来的传统企业方面。

传统企业早期发展更多是靠市场供需的不均衡和信息不对称，较少依靠品牌作为驱动。很多传统企业因此产生了惯性认知，这就导致其与新兴企业在品牌方面的认知会存在差异。但是品牌本身的作用却一直没改变，它一直都是企业产品服务与消费者之间沟通的第一道桥梁。

相对来说，垄断的卖方市场不需要太多的品牌支撑，品牌更多作用于竞争激烈的买方市场。通过品牌，可以用极简的或符号化的内容与消费者构建起沟通的渠道。之所以今天品牌的作用越来越大，核心还是市场基础发生了比较大的不可逆的变化，而且随着社会经济的发展，社会文化和消费者构成也发生了变化，与不同类型的消费者沟通的模式也发生了非常大的变化。

银行在线下服务中的品牌形态早已固定，这种形态是依托于物理空间，基于公司品牌发展出来的品牌模型。这种品牌模型形成于历史发展、公司主营业务、同类市场竞争等多重因素的作用。

但是将线下品牌模型搬到线上，则未必能引起线上用户的共鸣。因为线上市场中银行的历史发展路径与线下不同，主营业务形态发生了变化，同类市场竞争的对象也发生了变化。

不同赛道的品牌模型是彼此独立的，硬要对不同赛道的品牌建立起统一联系，只能耗费更多的成本，拉低品牌自身的作用。如互联网领域的品牌天生带有扩张性与话题感，其需要借助新渠道实现特定的、高效的传播，针对的是互联网这个领域的用户。品牌的属性决定了传播的基础能力。银行品牌由于依赖线下渠道，品牌属性中带有防守性，扩张属性不足，银行开展线上业务扩张的时候自然会存在阻力，同时会导致用户认知障碍。而从用户的视角来看，同一品牌，同一信息，通过线上线下不同方式获取，也会因为自身在线上线下扮演角色的差异，导致在认知上出现差异。

但是具有扩张性的品牌有较强的包容力，而具有防守性的品牌则具备较强的排斥力，所以互联网向实体领域的迁移在品牌层面相对容易（改变核心定位的情况除外），而传统行业向互联网迁移则需要用更大的市场成本去改变市场认知，甚至是改变消费者的行为习惯。这种差异导致很难通过同一套品牌模型去与目标消费者建立联系，这也是很多银行的品牌放在互联网上总让人感觉违和的原因。

建立独立的产品品牌或许是一条比较明智的发展路线，但是对多数银行来说，独立的产品品牌在企业内部天生低人一等，在银行的品牌体系中多数独立的产品品牌只是公司品牌的附属品牌。独立的产品品牌独立发展能力不足，且缺乏精细化的品牌运营力，多数高度依赖于公司品牌。在各种线上银行产品品牌建设过程中，公司品牌的体现甚至比新建的品牌还多。这样做的结果通常是给消费者留下一个银行品牌极度分散的印象。

当然，笔者不是想说银行品牌做得不好，而是对于正在调整业务形态的银行来说，品牌需要多元化的运营（见下图）：公司品牌是一种品牌策略，突出了企业文化的感召力；产品端金融品牌也是一种品牌策略，突出了金融产品本身的交易价值；渠道品牌是另一种品牌策略，突出与消费者的交互价值。

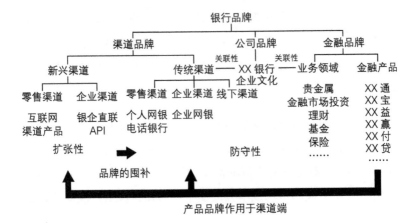

　　而渠道品牌中的互联网渠道（线上渠道），则是一块市场巨大、用户发展占比极高、竞争非常激烈且不可忽略的领域。如果其他领域用传统品牌模型还能勉强支撑的话，在这个领域中，旧的品牌策略几乎无法发挥效力，也自然无法匹配这个领域的市场定位。

　　当然，品牌的背后需要有极为明确的市场定位和质量可靠且简单好用的产品服务作为支撑。追求复杂项目、大项目的银行，很多时候会错过一个小产品、小服务在市场中从慢到快长大的过程，也就错过了一个品牌对市场不断调校、培育、积累的过程，所以银行很难从起点准确找到一个大项目的核心痛点。而且一旦核心痛点超过 1 个，就随时可能面临市场不断分散的问题，最终卡在大型复杂项目体验难以达到极致和品牌无法实现有效自我扩张的恶性循环中难有突破。

　　银行品牌在互联网时代的缺位，与互联网产品体系的不完善不无关系，而产品体系的整体规划对应的是业务的市场管理能力，而多数银行组织架构中过于分散的市场营销职能，以及对线上获客模式的缺失，使得整体面向线上领域的网络金融难以形成有效的定位导向，有些必要的基础工作没能做扎实就跳向另一个热点区域。"分治型汇总目标"代替了"指向型拆解目标"，"狙击枪"也就变成了"散弹炮"。

　　品牌是面镜子，照向市场的同时也能看清自己，或许强有力的市场管理能力才是打破恶性循环的突破口。

|第 3 章| C H A P T E R 3

流量决定存亡：场景与获客

在数字化的世界里，人的行为被分解到一个个相对独立的数字环境中，这种数字环境就是我们常说的数字化场景。场景是沉淀客户关系的场所，所以从营销的视角来看，抓住了场景，就抓住了与客户建立关系的点。那么场景在哪呢？在场景之内如何实现获客？

第1节 获客之难

获客这一话题对很多人来说并不陌生，这甚至是营销人员每天都要去思考、实践的重要工作。但是，"客"到底是什么？"客"是谁？当下的"客"是否还是我们传统认知中的"客"？若是深究的话大家会发现，获客不是一件简单的事情。本节将从金融获客、网络金融获客、未来获客等不同视角对"获客"这一熟悉又陌生的话题进行解读。

获不完的客和获不到的客

获客是商业机构经营的重点目标，获得的客户越多就代表占据的市场基础份额越高。因获客引发的问题有很多，比如，传统渠道获客能力是否缺失？网络渠道到底是不是银行获客利器？

1. 银行获客 VS 零售业获客

在零售市场的发展中，人们总想找到一种核心方法论，从而稳定支撑业务发展。但依靠传统分析总是越来越难以预测未来零售市场需求的走向。例如，谁会想到新上市的喜茶会瞬间在无数年轻人中引爆？

零售端的市场就是这么多变，爆点、燃点、痛点、痒点在零售市场轮番显现。但不论市场怎么变化，产品、服务、品牌总要围绕着要获得的客户来开展设计，被变化蒙住双眼不如好好看看自己的客户是谁，以求随时抓住客户变化的需求。

对于商业银行来说，要获得什么样的客，为什么要获得这样的客，是需要首先回答的问题。如果银行还是粗放地认定"有钱即是客"，恐怕未来的路会越走越窄。

很多人都说，大众最接受不了的就是"平凡"。这种判断或许没有错，大家都在追求不平凡，所以这种"极力争取不平凡"的时代态度造就了国内异常活跃的零售消费观。也许对注重体验感、专属感的消费心理学的探究将成为零售业务发展的基础动力。银行的获客也离不开对零售消费者的理解洞察。

回到银行获客的问题上，大型银行发展至此，使用传统方法能获得的客户基本上都已经获取到了，而那些还没获取的客户再怎么拼搏估计也获取不到了。所以银行才想到不断通过新产品、新服务去迎合市场。但是这些新产品、新服务采用的却是旧方法、旧面貌，获客效率可想而知。

以手机银行为例，无论如何迭代，它的初始逻辑都决定了它必然是一个以存量客户为主的服务型工具，因此手机银行虽然是一个可以远程下载的 App，但通过互联网获得新客户的能力非常有限，基础的定位决定了基础的获客效率。所以对传统商业银行来说，获客这个问题的核心在于"如何通过改变让那些对你毫无感觉的人心动"。

如果商业银行真的希望依靠互联网实现金融业务上的突破，最先要明确的是网络金融的业务边界：到底是以工具软件的逻辑去发展存量客户，还是以互联网内容运营的逻辑实现用户增长？

就获客来说，银行在网络金融方面绝大多数资源投入、产品服务设计，都应该围绕"用户流量"去开展。这样一方面可增加运营的基础流量，降低平均流量的获取成本；另一方面可提高流量的转化率，降低流量流失率。在守住零售流量底牌的前提下，才能更好地构建 B 端生态，否则互联网战略总是拆东墙补西墙，留不住用户。

银行获取新流量难的另一个原因是银行本身没有高频的服务场景基础。而金融账户的服务，更多是被动等待客户发起需求，而不是主动去营造服务频度。

同时银行过于关注互联网的非金融场景能力，比如消费与社交的能力。但银行天生缺乏对非金融场景的理解，这种场景理念是内化在企业基因里面的，是伴随企业的生死而成长起来的，所以银行即便下大力气做电商、做社交，最后的结果也不会太乐观。

2. App 获客的机遇和挑战

场景获客是商业银行应对成熟流量市场的一种获客模式，场景流量既可以是银行外部的流量资源，也可以是银行内部的流量资源，场景获客模式并不唯一。与场景获客相比，传统自建 App 场景的获客模式同样具备不可替代性。

从市场数据可以看到，互联网巨头的单个 App 日活用户数量远超银行全部 App 日活用户数量总和。看到如此大的流量差距后，很多人会说，互联网的流量已经饱和了，做 App 没有什么实际意义了。但是为什么在"流量瓶颈说"如此盛行的情况下，依然会有一系列新平台、新应用崛起？

很多银行在场景战略中，与大平台或者知名平台合作很浅，于是选择和一批名声甚微的互联网公司合作，不惜花重金砸补贴去谈功能嵌入。宁可冒着被随时替换的风险，也不太愿意搭建属于自己的流量围城。这样真的合理吗？

之前我们分析过，银行的 App 发展思维不是以线上获客为出发点，绝大多数都是以服务存量客户为出发点，所以功能设计几乎全部围绕存量客户的诉求开展，当"线上获客"这个命题摆出来的时候，银行几乎没有成熟的解决方案。同时由于银行对互联网时代的目标客户过于陌生，不仅从未接触过，也没有成熟触达渠道，因此也很难搞清楚这些陌生用户的需求是什么。

我们发现，有些银行面向存量客群开发了大量的 App，平台定位无一例外选择把客户服务做好，客户需要什么就做什么，最终的结果也都殊途同归：自有客户这块大蛋糕被来回切割，服务却未做大，内部抱怨声四起，无论是员工还是客户都在质疑为何劳民伤财搞一堆 App 而不合并成一个。

然而在一个核心 App 上开发再多的附加功能，除了让应用体量愈发庞大以外，对提升获客的效果着实意义不大。毕竟目标客群已经决定了整个线上产品的走向，所以在存量的成熟 App 上做再多的功能，它的定位、品牌策略、运营策略都很难形成刺激增量的效果，也就注定了线上获客乏力。

网络金融获客之道

当一些银行开始重视自营流量与场景的时候，互联网运营策略已经进入新的模式阶段。前几年，互联网集团的核心是做大单 App 流量，然后想办法提高客户转化率，提高 GMV（总交易额）。而最近几年，互联网流量基本进入增量瓶颈阶段，互联网流量运营策略已经不是单纯做大流量，而是通过核心流量资源构建自己产品群的生态。这种生态甚至打破了线上线下的边界束缚，让实体体验与虚拟体验高度融合。而与热闹的互联网流量方法论相对比，银行一侧似乎还很迷茫，其在流量方面还处于早期的挖掘与积累阶段。

流量积累对于银行来说确实是一门没学好的基础功课，积累流量在这个时代需要讲究方法。那么都有什么方法呢？笔者认为下面两个是关键。

第一种方法是产品的场景化体现。例如银行的缴费功能，在绝大多数产品中表现形式为缴费功能的堆叠。而当缴费项目与具体环境结合在一起时，例如在电视端嵌入有线电视缴费、在水电缴费通知中嵌入缴费功能、在开学前的返校通知中嵌入学费缴纳功能，都是缴费产品的场景化运营。再例如，银行柜面开立资信证明就是一项常规的业务服务，而在旅游产品选购、留学申请及出境申请环节嵌入资信证明开立功能则是业务产品的场景化体现。

业务产品的场景化，需要从根本上改变业务产品的营销策略，对业务进行拆解及精细化管理。但很多银行因为运营人手不足，更愿意进行统一管理。

第二种方法是流量的快速获取。很多银行开始正视自身在流量获取方面的不足，将更多的精力聚焦于外部大流量场景，弱化自建流量体系。人们更容易因为浸入的场景而心动，产生新的业务兴趣，而不是因为银行的业务流程改造而心动。注意这里说的是"浸入场景"，而不是粗略地想象自己在某个场景空间中。这种输出场景型的流量策略没有错，但在实施上却很容易本末倒置。服务输出的早期原则是不改变现有基础用户的应用习惯，仅通过运营达成业务转化。但很多银行为了各种各样的 KPI 考核，不得不采用一些激进的做法，从而忽视了流量运营的策略，忽视了用户体验，最终导致"输而不出，满盘皆输"的局面。

所以目前零售获客看似是零售业务，其实本质却变成与企业合作，与场景合作，与流量合作，在成熟的流量市场，通过合作获得符合自己经营需要的客户流量，这是当下商业银行数字化获客的主要模式。就互联网企业场景合作来说，银行的诉求无外乎以下几种。

❑ 公关诉求，优化自身的互联网业务形象。
❑ 流量合作，花钱获取对方平台流量。

❑ 技术合作，改善银行业务服务的流程。

❑ 数据共享，得到场景数据，丰富客户画像，将数据应用到金融产品中。

❑ 金融服务，开展企业金融服务。

在众多诉求之中，银行很难在合作上都占据优势，但在进行场景合作时至少应能确保获得某一项价值，否则是否要合作就有待商榷了。

获客的模式有很多，对于商业银行来说，获客更大的难度在于突破自己、优化流程和重新包装已有服务。有时候商业银行与自有优质零售资源的关系就像一个人抱着金砖游泳，扔掉会失去很多，抱着却又过于沉重。这个比喻中的水就是场景，场景可以托举产品服务，同样也可以淹没产品服务。

对于新时期银行所要开拓的获客场景，无论是自建 App 平台还是输出金融服务，银行自己长什么样子其实都不重要，场景中的金融服务长什么样才重要。

这个市场上有太多获不完的客，也有那些你无论怎么努力也获不到的客，或许不是因为客藏得太深太远，而是因为我们从未真正走出自己认定的圈子。

新时代获客概念的微妙变化

获客是个老生常谈的话题，然而有些问题就怕仔细琢磨。比如，这个"客"到底是什么？如何获？获客这件事情是否跟随时代发生了变化？我们在日常讨论这些问题的时候，总会给出一些仓促的回答：

- ❑ 获客就是找到那些能买产品的人。
- ❑ 获客就是为 App 引量。
- ❑ 获客就是开户。

这些回答在一定范围内都没错，只是按照这样的回答去规划获客方案，获客这个问题很容易成为一个战略黑洞，难以有效实施。

1. 获客环境的变化

当前的获客环境与之前相比已经发生了很大变化，随着市场服务不断丰富与完善，同质化竞争变得异常激烈。大家普遍反映的问题是"获客难""获客成本高""客户黏性不佳"。

这是一个客观的市场现象，大家不仅对单一机构感受如此，对整个行业来说感受也差不多，客户在同质化的服务机构中加速流转，各个机构依靠"福利""补贴"来拉拢客户进行业务转移。

然而转移并没有形成更好的服务黏性，反而是加剧了客户的不稳定性，提高了客户维系难度，推高了因为"福利""补贴"而产生的服务成本，让我们感觉市场似乎变得越来越浮躁了，利润越来越不好赚了。

不稳定性的增强以及服务成本的堆叠，反映在实际操作中就是获客难、获客成本高、客户黏性不佳。

因此很多市场机构开始反思，与其通过大规模补贴获客，不如扎扎实实抓住核心客户群，深度挖掘核心客群的价值。比如很多做母婴用品的企业，为了加强自身的品牌建设，开始涉足早教培训，甚至家庭保险，真正做到了"一户多吃"。这样的多品类服务在形成某种闭环体验后，还会自带口碑效果。

大家越来越相信，围绕核心客户群进行多关联业务开发，进而通过运营的闭环实现对增量市场的吸引，比大量投入、盲目扩展客户基数更为有效。这种获客模式在一定程度上与粉丝经济、社群经济的运作模式深度关联。

因此，当下的"获客"逻辑可能本身已经发生了变化，而且这种变化已经开始引发普遍的市场共鸣。

2. 到底什么是客

从商业视角看，用户总是为客户服务的，或者说用户只是客户的实现路径之一。但是这并没有真正解释清楚什么是"客"。

笔者认为，理解"客"本身就是一件非常复杂的事情，尤其在业务庞杂的大型机构中，客的概念就更为笼统。大型金融机构中，动辄数亿的客户群，这些客户明明已经与机构建立了类似"开户"的强连接，为何机构还有非常强的"市场焦虑感"？

曾经我们把"客"看成"个体"，以"账户开立＋实名校验"作为"客"的关键转化节点，然而针对一个客户收集了实体信息，建立了业务关系，是否就意味着获客成功呢？当我们回看这个模式的时候会发现，客户与金融机构的连接越来越脱离"账户"的束缚，而与"客户"自身的商业（商务）场景行为关系越来越密切。

对于账户数量已饱和的今天，"客"的概念更依赖于实际的金融业务，而非账户。账户日渐成为业务的附属服务，或者说成为降低交易成本的辅助工具。大众对于账户的认知更聚焦于现有账户里面有多少钱可用（信用卡能透支额度），而非是谁提供了账户服务。

显然"客"的概念需要与"场景行为""金融业务"做更深的关联，这种关联关系即"业务服务的场景化"。实现业务服务场景化的前提是对客户的充分洞察，这种洞察曾经被用在潜在的增量市场挖掘上，但实际从当前金融机构的账户活性来看，这种洞察似乎更应该用在存量的客户体系中。

这也是我们认为电子账户并不能真正救赎银行的线上零售业务的原因，账户未来会越来越依赖于场景权益的设计，转化效果依赖于场景之下对客户洞察的准确性和完整性，而场景信息需要依靠自建生态体系来进行更广泛的收集，而不只是最终决策达成的支付行为。

在未来市场中，谁负责运营生态体系，谁将优先获得收益权。

3. 未来如何获得高活跃

对于获客，不同的机构有不同的理解。对于客户基数不大，运营相对完善的机构来说，增加客群基数是最主要的需求；而对于客户基数巨大，但活跃乏力的机构来说，运营是更紧迫的需求。基数规模不同，运营难度会出现巨大差异。

当前时代下，对金融机构来说，或许并不是缺少客户基数，而是缺少活跃客群。

面对日益提高的获客难度，获客的内涵已经不再只是获得个体身份信息，而是获得活跃的交互行为，这种活跃行为体现在信息的交互、业务的转化上。

避免"简单新增"，追求"常规活跃"，或许是新时期金融机构获客的新追求。我们之前不断提到，金融服务的"客户运营时代"已经开启。新建 App、新建场景、输出场景，以及用户策略、互联网服务，其核心目标都是**从全量市场的视角找到可持续活跃的客户**。

对客户活性的追求，其实已经超越了存量市场或增量市场的界限，正因为如此，我们才说银行的互联网获客需要有新的方式和方法，即突破存量增量意识的"全量活跃"。

不过低频的金融服务的网络获客路径，注定与互联网模式不同。

这里和大家分享一个笔者整理的平台的新增活跃模式。

- ❑ **搭建新平台，依靠新功能，应用新渠道获得新活跃。**以新服务、新渠道获客，接近完全的互联网创新获客模式。
- ❑ **搭建新平台，依靠新功能，应用老渠道，以金融业务减免获得新活跃。**通过新平台与存量金融业务的合作关系，将老客户活跃迁移至新平台，依靠新的活跃功能维系活跃。

❑ **搭建新平台，依靠老功能，应用老渠道，转换核心功能，应用新渠道获得新活跃。** 通过某些存量活跃功能的迁移，将客户活性转移至新平台，再通过核心功能的转化，维系客户活跃，以存量客户体系换取新型活跃黏性。

❑ **通过老平台，依靠新核心活跃功能，获取新活跃。** 通过在老平台构建高频核心功能，直接拉升活跃，对金融服务做降维处理。

无论渠道路径如何选择，银行业务的获客逻辑都在发生着不可逆转的变化，即从"账户—决策—交易—权益"的传统型获客逻辑，转变为"场景—体验—决策—交易—权益—账户"的体验型获客逻辑。在新逻辑下，面向全量客户的通用型场景搭建、轻量化体验再造、权益的创新设计会成为获取活跃的关键因素。

而对于未来网络金融的市场来说，入口信息的不断前置，掌握更全面的资产变动的需求信息入口，比掌握实质的账户动态更重要。

第 2 节　场景与场景获客

场景，这个由互联网带入公众视野的新鲜词，对金融圈来说越发重要，金融缺乏场景的论调也时常被圈内人提及。究竟什么是场景？场景与金融的结合点在哪里？金融真的没有场景吗？本节我们试图从问题阐述、概念解析、未来展望、需求本源等视角聊一聊金融所需的场景。

金融场景获客的小矛盾

近期很多以银行为主的金融机构都在强调场景获客,其出发点非常清晰,即用户的黏性主要集中在场景中,因此场景成为获客的主要渠道。由此进一步演化出 B2B2C 模式,即作为 B 端的银行通过场景的运营主体 B,来获得 C 端市场。

这样的场景获客模式看起来非常正确,但是到了具体落实的时候,大家普遍会发现,所谓的场景获客,要么是嵌套了"聚合支付"的传统收单业务,要么是加一个不太刚需且功能受限的"Ⅱ/Ⅲ类电子账户"。这样的场景策略真的能够获客吗?

很多人对此提出了不同看法:银行这一波场景策略,已经将自己打入无形化了,用户的入口未来越来越难以迁回到银行入口,用户就在那里却根本无法触达,这会导致银行系的场景产品必然要面对自己带来的挑战。

1. 关于 B2B2C 获客模式

这个时代的市场拓展已经不可避免地需要更多 B 端的参与,我们在与很多人沟通中发现,大家对 B2B2C 的概念理解得非常笼统。

如果说一定是要把接口无形嵌入其他平台才算 B2B2C,那么把广告打到对方平台上,获得对方平台的客户,是不是

B2B2C ？

其实 B2B2C 从来都不是新模式，只是理解角度不同。对于 B2B2C 策略的理解核心在于，这个模式的主体目标是 B 还是 C。如果是 B，那么 B2B2C 的策略核心是为 B 端提供辅助 C 端运营的产品，核心收益在 B；如果是 C，那么 B2B2C 的策略核心是通过 B 端的融合来获得 C 端，核心收益在 C。这种看似不起眼的差异，导致了 B2B2C 将会朝两种完全不同的方向前进：一种是定制化极高、运营成本颇高的 B 端服务，但是有可能会带来更丰富的 B 端收益；另外一种是标准化更高，更易批量发展的 C 端服务，但是对精细化运营能力的依赖更强。

不过如果不是为了 C 端，B2B2C 或许应该简化为单纯的 2B 业务。

2. 关于获客模型

目前的场景策略之所以让很多人有困惑，给人一种收效甚微的感觉，主要原因是多数企业中从事场景工作的都是零售部门，这就会进一步导致：

❑ 零售部门的工作从零售市场突然转为企业市场，商业模式变化太大，有些不适应。

❑ 零售部门对 B 端的商业合作市场不够熟悉。

❑ 由于商业模式不同，B 与 C 的兼得是很困难的。

❑ 在多数人心目中，场景的目标仍然是剑指 C 端，但截至目前，金融机构的 C 端获客逻辑普遍依靠账户获客、支付获客的传统获客模式。

这种传统的金融获客模式，仍然没有摆脱"客户与用户"的认知阻碍，仅靠账户与支付产品去打市场，最终呈现的结果就是场景中更高的用户价值难以转化，而客户价值却被场景牢牢把握。用户价值与客户价值的对比见下图。

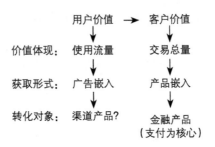

场景价值的挖掘，需要有新的、体系化的获客逻辑，这主要体现在如下两方面：

- ❑ 一方面是以支付（最终客户转化价值）为核心，其以输出为主要手段，让交易行为以及交易背后的金融行为更好地融入场景。但是因此带来的接口管理与运营方面的风险也会更大。
- ❑ 一方面是以用户为核心，也就是围绕用户提供渠道服务，以广告导流为主。但是因互联网增量发展带来的红利已经消失，需要深度解决垂直细分市场的痛点需求。

目前很多机构把围绕用户的渠道服务产品与手机银行画上等号，然而手机银行并非用户级产品，而是一个客户维度的工具产品，虽然其满足的是刚性需求，但是活跃度无法保障，其在用户层面的转化效率也存在诸多限制。

面对非手机银行的新产品，更多机构的苦恼在于新产品的"锚"在哪里。出现这类问题的根源是对"自建场景方向"的不确定，以及在创新机制上的缺失。最后多数有类似疑惑的银行都脱离了小而美的精益迭代模式，转向大而全的铺大网模式，但是大网背后的阻力又难以消化。

要提高用户转化效率，需要产生产品服务的新模式（甚至是服务流程上的革新）和具有更开放的市场营销策略。

3. 关于市场认知

市场认知的问题，是金融获客中更为严峻的问题。金融的低频属性和强大的品牌传播力，决定了大众对金融机构主导的场景产品的认知。

以手机银行为例。绝大多数金融机构都开始将主战场重新拉回到手机银行中，并不断尝试扩充手机银行的场景功能，以求让手机银行成为场景服务工具，而非单纯的金融工具。这样的认知在银行内部易达成，但在用户市场中却成为大难题。因为这种认知背后，是由庞大的互联网市场主导的使用习惯和认知惯性，这会直接影响大众对品牌的理解，对服务的选择。

此外，有些金融机构在尝试做场景产品的过程中，不断横向平铺，几乎把所有功能全部整合在一个渠道产品中，寄希望于一个全能型的 App 渠道产品成为用户刚需。尽管这样的产品内容无错，然而用户无感。核心功能的缺失，让产品难以基于核心功能去逐步改变用户的使用习惯，因此难以达成入口的效果。

入口的价值不在于入口的功能有多丰富，而在于大众对入口的习惯与认知。更多时候，企业会依靠单一功能的黏性不断提升入口价值。这会让行为成本越来越低，迁移成本越来越高，最终基于人的惰性形成较高的壁垒。

这种壁垒，很多人认为可以通过补贴轻松化解，但在当前市场中，"羊毛"遍天下，消费者早已形成"习惯是习惯，羊毛是羊毛"的认识，习惯已经很难再被"羊毛"牵引。而商家或场景B端，也早就将"羊毛"看作新的逐利工具，背后是隐形的价格战，而非是对服务价值机制的追求。

"入口"在一定程度上决定了市场对服务的认知。在趋于成熟的互联网市场，入口不变，认知很难扭转。"金融入口加载场景"的策略与"场景入口加载金融"的策略是完全不同的市场认知方向。

4. 关于策略方向的建议

对于策略方向的建议，笔者总结了如下几条：

- ❑ 金融获客的阻力在于传统获客模式进入增量瓶颈，B2B2C背后是更明确的精细化管理目标，场景策略不是传统金融合作模式的换汤不换药，也不是简单地将C端业务转为B端业务。
- ❑ 场景获客的价值核心在于场景的充分运营，而非金融API的输出。
- ❑ 场景运营的核心是构建用户的获取能力，没有这一点，客户转化将脆弱不堪。

- ❑ 用户的获取能力需要依赖用户级、符合市场认知的用户渠道产品，原始认知造就使用习惯，也因此形成了增量阻力。

- ❑ 在用户视角基础上，金融产品的输出与应用转化，是为最终客户价值服务的。金融产品是依附在场景上的数字化服务之一。

- ❑ 客户价值的转化能力依赖于对场景的实际运营权，没有运营权的场景合作，无法保障场景的价值获取。

可以考虑从以下方面提升获客能力：

- ❑ 用户级产品＋用户体系的搭建，核心功能是关键。这是构建场景服务的基础。

- ❑ 广告投放策略及广告渠道运营的精细化，目的是最大化挖掘场景用户价值。

- ❑ 建立金融产品输出过程中的差异化服务策略，依靠客户权益，构建向自有渠道回流的体验方法。

金融场景到底是什么

什么是场景？场景怎么用？金融的场景又在哪里？

很多人在介绍场景的时候，都把它描述为一种环境或者一种行为，其实这种描述中的"场景"只是戏剧层面的"场景"，而非移动互联网产品聚焦的场景。

笔者认为，场景是什么人在什么时候、什么地点做了什么事情的交互过程。只有完整包含人、时间、地点和行为这些实际要素才能称得上是一个有效的场景。

1. 场景的形成

场景是伴随着一系列的日常生活行为自然形成的,其不会因为某一产品功能而独立存在。因此,"创建场景"这种做法根本不存在,这是很多项目管理上的误区。为一个应用或服务去创建一种场景是不可能的。

由于场景含有非常多的参数,因此我们按照人、时间、地点和行为的不同,可以对场景从多种维度进行表述。

- ❑ 人,可以按照性别、年龄、职业来区隔。
- ❑ 时间,可以根据早、中、晚、深夜等来区隔。
- ❑ 地点,可以按照国内外、东西南北、气候带、陆地海洋、山川平原、农村城市、省份地区、景区驻地、社区商圈等来区隔。
- ❑ 行为,则有吃、住、行、工、游、购、娱等更为精细的区隔方法。

因此在人+时间+地点+行为的排列组合当中,我们可以枚举出无数种场景,而每一种场景都对应着斑斓多彩的底层需求,只不过需求大小和衍生价值不同。场景就是一个穿越时间洪流的时代产物,存在即合理,再小的场景也有不可估量的衍生价值。

2. 金融行业中的场景

金融行业要想做好场景,那就需要先分析金融行业中都有什么场景，不同场景的服务对象是谁。如果狭隘地理解金融行业中的场景，那这个场景就一定是与资金挂钩的场景。

笔者问过很多人"金融场景是什么"，大多数人给出的答案都是"消费场景"。这种说法没错，消费是带动多种金融业务需求的高频底层需求，但是这种认知也导致银行在场景中的渗透不成体系，管理松散。

3. 场景的核心应用

场景实际上带来了两方面的内容：

- ❑ **丰富的行为数据**：围绕一个具体行为我们可以提取出非常丰富的数据。这些数据的交叉堆叠能够刻画出一个活生生的用户画像，而这类数据正是金融机构在过去的诸多年里面非常匮乏的数据，这些数据将为未来的风控体系提供强有力的支撑。如果没有这些数据，购买行为数据是否能够通过购买获得，以及购买所得的数据在风控模型中是否可用，都是未知数。
- ❑ **有效的交互触点**：随着现金支付习惯的颠覆，互联网对信息不对称的突破，金融脱媒现象日益严重，用户与银行之间逐渐从双向交互变成单项传递，银行如何触及用户、如何与用户实现真正有效的交互成为银行最应该重视的发展问题。将金融业务延展出去，将金融赋能于场景，将是一种能够更好维系用户（含客户）关系的方式。

当前很多银行将场景视作产品营销的阵地。诚然在流量匮乏的时代，场景的固有流量的确可以用于金融产品的营销，但是这种营销层面的合作无法构成真正的业务壁垒，终究无法激活场景真正的价值。过分透支场景流量反倒可能伤害一个原本有序的金融生态。真正的壁垒是在业务层面、数据层面与场景层面实现真正融合捆绑，不是因为业务而选择场景，而是根据场景去构建业务。这才是金融发展场景的终极目标。

4. 总结

从当前到未来，无论是品牌构建传播还是产品设计研发，金融与场景一定会向高度融合的方向发展。应用场景、功能场景、场景营销用于形容金融行业中的场景都不够准确，笔者认为叫"金融的场景化发展"或者"开放式金融生态"更准确。场景将是未来金融改革转型的核心阵地。

相信很快，新兴的银行机构不会再按照个人金融、企业金融、机构业务等进行业务划分，而是根据"场景群落"来进行细分，这样才能改变当前银行业大而不精的业务发展现状，才能使银行真正基于场景衍生出丰富、精彩、精准的用户服务。也只有这样才能让用户与金融服务的距离更近，真正让金融服务于人们生活的每一个细节，甚至通过每一个场景反哺出一个更为伟大的金融品牌。

银行从来不缺场景，缺的只是面向场景的战略决心以及精细化服务能力。场景于人只是一个日常行为，于银行却可能是一个全新的世界。

银行在金融场景中的机会

银行将"存、贷、汇"等基础业务落实为场景中的零售服务时，基本都是满足场景下因消费产生的支付诉求以及衍生的消费信贷诉求。而当这些诉求由几年前的银行支付变为如今的聚合支付后，场景之下无论是谁介入，与场景中的零售用户都很难产生直接的交互。正因为这种交互难度太大，所以场景对零售的贡献微乎其微，场景逐渐变成一种对公服务。对公场景下的核心收益是支付手续费，或者说是"聚合支付手续费"，其次是交易过程中对公资金的沉淀，以及支付过程中可能产生的消费信贷诉求。支付手续费自不用说，聚合支付兴起后支付手续费利润变得非常薄。

所以大规模的场景拓展，对零售金融的引流转化帮助着实有限。同时场景之下近在咫尺却接触不到零售客户的现状，终究难以缓解银行对零售领域失控的焦虑。而未来又会是怎样呢？

客户对场景的依存度在不断下降，更多地转向了对自身身份的认同。我们暂且把这种金融形态称之为"人格金融"吧。

消费者对自身的认知诉求，已经超过了对环境的认知诉求，根本原因是大家变得越来越自我，所以无论是生活还是日常服务，都更重视体验中的自我认同。更大的趋势是这种认同在加速细分，比如以职业为维度进行细化、以身份为维度进行细化。用户加速标签化，并以标签为核心同类人群快速聚拢，就是这方面一种典型体现。

因此我们观察到的现象是，场景的吸引力其实已经在 2014 年左右达到峰值并不断下跌，银行进入场景时代的时间相对较晚。银行进入时我们的用户已经进入更为细分的"人格化服务"阶段，用户已开始以寻求更高的自我认同和更为专属的服务体验为目标了。

金融场景的构建、发展与选择

我们在说金融缺乏场景的时候，有两个更为重要的问题需要考虑。

❑ 需要什么场景？
❑ 如何获得场景？

我们想获得问题的答案，就不得不正视场景的初心。

1. 金融场景的初心

原本构建场景是一件很单纯的事情，即通过场景来重新连接客户，让不活跃的客户活跃起来，把要流失的客户挽留下来，把新增的客户积累起来，目的是改变零售市场的颓势状态。

这样的初心是对的，其几乎概括了零售金融的最大诉求，依靠场景搭建新渠道，重新获得客户的运营权就是场景建设的初心。新型渠道的搭建和运营必不可少，运营的能力和权力必不可少。

2. 构建场景的方式

构建场景有三种方式，即自建、合作和收购。场景构建方式不同，银行拥有的运营权利也不同。

- ❑ 自建场景是一种直接的 2C 模式，以 C 端为核心，银行具有强运营权力。
- ❑ 合作场景是业务端的 2B 模式，也是大家通常所说的 2B2C 的模式，银行具有弱运营权力。
- ❑ 收购场景在股权层是 2B 模式，但在业务层面本质是一种 2C 模式，银行具有强运营权力。

我们看到很多金融机构，将场景的重心放在合作场景上，且普遍朝向三个方向开展：

- ❑ 通过合作，将金融服务嵌入外部非金融场景，寻求客户转化。由于外部场景运营权丢失，缺乏壁垒，转化不持续，仅能靠补贴进行周期性激活。
- ❑ 通过合作，将非金融服务嵌入自己已有的金融服务平台，提升客户服务。自身平台低频，非金融服务难以拉升平台活跃度，对存量客户的增加贡献有限。
- ❑ 通过合作，将他人的服务集合到一起，自己提供服务入口，从而建设行业平台，以寻求获客。这个方向虽然功能丰富，但市场反馈平平，运营难度大，留存难度大，对金融的贡献度不高。

3. 互联网金融中的场景

互联网金融之所以在场景方面触类旁通，生态越做越大，是因为它自身具备核心高频场景，其他场景的合作均围绕核心场景开展，逐渐形成"共享运营"的服务生态。在共享运营的过程中，针对具备战略协同价值的场景，互联网金融通过股权投资方式实现自有场景体系的完善和新业态的孵化。

互联网企业作为场景的主流玩家，在场景建设的过程中采用的是以自建为基础、以合作为拓展、以并购为捆绑的模式。这是一套完整的场景生态打法，并且经过了市场的验证。互联网企业自建场景通常与金融交易无关，是高频的信息服务需求（电商核心流量基础也是"逛"而非"买"）。在高频信息服务需求之上打造具有市场竞争力的体验，进而形成用户社区。

在高频互动的用户社区中，将其他非金融低频场景通过合作引入社区，将社区流量的广告价值与合作伙伴分享（或称为市场赋能），逐渐获取用户的剩余时间，最终形成真正意义上的入口。

然而若没有核心场景的支撑，拓展的零散场景也就无法获得用户的持续黏性，用户流量的转化价值也会大打折扣。而当前金融聚焦的支付、消费，虽然是金融转化的关键节点，但其实并不能作为核心场景来看待。因为相比信息获取的需求来说，支付消费太过低频，支付消费应附着于使用频次更高的核心场景。核心场景缺失，导致场景合作效能无法发挥，股权捆绑难以找到对象，场景服务的生态也就难以形成闭环。

4. 如何选择场景

选择什么样的核心场景才更适合金融机构？之前我们说过很多关于零售的话题，这里也以零售场景为例简单介绍场景的选择方法。针对零售的场景需要依附于客户可能流失的那个关键节点上，覆盖并聚焦关键节点的场景策略，这远比大而全的场景策略更为有效。这里所说的节点可能是高等教育、继续教育、工作变动、婚配生育、子女教育、出国等，总之都是人们成长中必经的过程。也就是说，在选择场景时应基于细化的用户需求而不是"高大上"的完美。

此外，区分出金与入金的不同潜在场景会帮我们把场景看得更清楚。

至于"吃住行游购娱"，更多是作为消费场景，是支付这一业务领域的目标场景，除了用自己的支付产品或第三方支付平台所产生的中收外，更核心且可持续的价值贡献在于大 B 或者小 b 的衍生金融服务。支付业务的价值贡献未来会越来越向 B 端倾斜。

场景不是一道包治百病的神药，它更需要体系化、差异化、精细化的经营策略，否则场景很可能变成口号，为了场景而做场景。

第 3 节　破解之术

获客是在一系列资源组织之后所呈现的营销结果，获客的方法看似简单，实则复杂，伴随网络环境的快速发展，复杂因素的数量更是与日俱增，获客的起点到底在哪？获客的锚点又在哪里？网络金融与传统金融获客的连接点在哪里？

网络金融的获客

对于银行来说，网络金融有很多发展矛盾。最突出的矛盾就是网络金融脱胎于电子银行，然而电子银行的获客逻辑和网络金融的获客逻辑天生存在不同。所以网络金融的转型，首先应该树立新的获客模式，如果获客模式没有发生改变，仅靠存量业务的切分很难达到转型的目的。

1. 电子银行获客与网络金融获客

传统产业的获客逻辑：推出产品—卖产品获客—提供客户权益。

金融获客逻辑：推出金融产品—推开户—提供金融产品服务—提供账户权益黏客。

电子银行的推出实现了服务闭环的优化，其获客逻辑为：推出金融产品—推开户—交易线上化—提供金融产品服务—提供账户权益—线上检索。

电子银行获客的流程和传统获客本质上并无区别。如果我们非要给传统和新型获客模式做一个定义的话，传统模式是一个交易价值、权益价值驱动的获客模式，新型获客是一个信息价值、使用价值驱动的获客模式。

我们一直认为电子银行的核心价值是客户服务，虽然其价值不可取代，但是并不能解决市场拓展的问题，它需要高度依赖传统获客模式。这种依赖也不完全由电子银行决定，因为如果电子银行过分、过急转向市场拓展方向，由于新兴市场客群需求不同，对存量客户的行为习惯也可能会造成不可逆的冲击。

所以，电子银行的获客更像是个"维系夫妻感情的过程"，而网络金融本质上还应具备"找对象的能力"，显然这之间是存在矛盾的，过度混合在一起，逻辑上很难说通。所以一般来说，由不同的平台承接不同的市场需求是较好的破局方式。

2. 网络金融获客的必备要素

说回网络金融获客。想要最大化发挥网络技术的效率，实现线上获客，笔者认为必须要具备以下三个要素：

- ❑ **能够创建有效且直接的交互**——为线上新市场运营提供足够的基础流量。
- ❑ **能够实现离柜 KYC 建立客户关系**——满足合规需求的客户识别技术。
- ❑ **能够实现跨行资金交易**——满足交易需求的跨行支付工具。

至于最终获客的各个业务系统，每个银行都具备，故这里只做简单介绍。

（1）**能够创建有效直接交互**。线上获客首先要改变对线下渠道的高度依赖，但这并不意味着不去运营线下渠道，而是要改进线下渠道的运营方法。网络金融平台的推广，需要与账户交易等客户环节脱钩，更聚焦于对线下物理场景能够辐射到的流量，将其用平台沉淀下来。此外，线上的直接交互至关重要，与非存量客户和失联客户构建联系，是线上获客的第一步。这一步的实现依赖于构建合适的场景，也就是门槛更低的服务定位、对全市场更具吸引力的市场营销策略及稳定的产品质量。

（2）**能够实现离柜KYC建立客户关系**。金融的强监管性决定了金融企业获客不可能像互联网企业一样简单粗暴，但这并不意味着满足监管条件的服务体验就一定差。要想在监管合规范围内做到高体验，对服务对象进行分层就显得至关重要了。例如，KYC不一定要下沉到游客、用户这一层级，KYC只聚焦于实际交易的发生环节。同时KYC技术也在不断迭代，例如通过生物识别、OCR识别、跨平台信息授权等方式优化KYC的流程体验，让识别流程变得不再突兀。这一步的实现，依赖于合规且有效的识别技术。

（3）**能够实现跨行资金交易**。无论是哪种业务，获客的唯一衡量标准仍然是达成交易，形成价值交换。在这个过程中，客户实现线上资金的流转是必须要有的一步，无论是通过Ⅱ类账户的方式实现，还是通过第三方支付方式实现。当然在这个过程中还需要评估成本、成功率等因素。至于如何让跨行账户交易转化为本行账户交易，是运营层面的问题，而不是获客方面的问题。

3. 客户的细分方法

在精细化运营的背景下，一个人可以成为不同的"客"。下图所示是一个对网络金融线上客户进行细分的例子，由此大家可以了解对客户进行细分的基本方法。

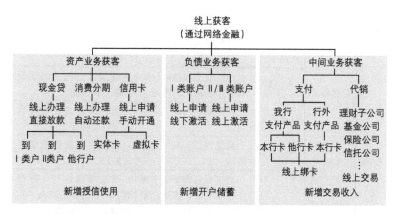

每种客户的需求不同，对应的入口场景也不同。但无论是什么样的客户，都脱离不了上面所说的基础模式，即基础交互流量—KYC 流程优化—跨行资金交易。在这个基础上，才能通过运营实现服务效益的最大化。

4. 获客分类指导表

上面主要是从流程和业务的角度围绕获客进行了深入分析。其实要想真的做好获客，仅从流程和业务角度分析是远远不够的，因为获客是多维度的。为了帮助大家充分理解获客，这里针对市场对象和平台工具，从 C 端与 B 端、存量与新增、自建与输出三个维度，绘制了一个获客分类指导表。

关于获客方面的话题我们暂且说到这里，获客是一个体系化的事情，不是做了一个万能的工具产品就能所向披靡，也不是曾经对的事情未来就正确。在我们抱怨获客难的时候，应多审视一下自己是不是具备应有的工具，是否用对了方法。

获客分类指导表

			存量客户服务	新增市场服务
C端	自建模式	产品服务	手机银行	场景 App
		获客模式	通过线上权益的建设增强开卡客户的渗透	通过线上场景的建设获取互联网用户
		运营重心	存量客户的线上交易转化	用户流量黏性与频次对交易的转化
	输出模式	产品服务	直销银行、支付产品输出	高频大流量场景服务的输出
		获客模式	通过在合作场景中建立权益服务，实现存量客户的交易转化，带动潜在市场中的人员因权益而转化为客户	通过构建差异化存量客户、自建平台权益，实现合作平台流量向场景App和线下客户的转化
		运营重心	权益服务的运营	权益服务的运营
B端	自建模式	产品服务	企业网银	询价类咨询信息平台
		获客模式	开立账户企业的渗透	通过企业高频的咨询服务积累企业客户信息
		运营重心	金融服务运营	咨询功能向金融业务转化
	输出模式	产品服务	银企直联	线上开户申请
		获客模式	交易银行	线上申请，线下激活
		运营重心	金融服务运营	线上线下流程体验客户权益运营

金融场景的建设方法

"场景如何建设"是一个综合性很强的问题，它包含几个关键的基础认识。

❑ 场景是什么？

❑ 场景建设的背景需求是什么？

❑ 场景建设的方法路径是什么？

1. 背景需求

场景的建设背景集中在三个方面。

（1）在市场大环境、大趋势中，通过单一产品服务已经难以构筑有效的用户黏性，因此以用户为中心的运营机构纷纷从产品服务转向黏性更高、壁垒更强的场景化服务，并已经形成数量多、分布广的场景群。用户与场景之间的黏性越来越高，场景成为触及用户的新通道。

（2）场景服务中数据类型极其丰富，场景中的交互方式也非常丰富，所以通过场景能够有效完善用户的画像信息，从而帮助金融机构更好地了解客户，并在交互的过程中影响用户决策，创造用户价值。

（3）众多场景已经被各个垂直领域的服务机构争抢，场景也依托于实体环境、资源的稀缺性形成了排他性壁垒。不进行场景上的突破，机构与潜在客户之间的交互将变得愈加困难，空间会被不断挤压。

从客户获取的角度看，场景建设的目的是最大限度抓住用户流量，以及提升流量的黏性。从价值挖掘的角度看，场景建设的目的是在场景内构建服务转化、增收、增利的模式。在合作拓展的角度看，场景建设的目的是用场景资源价值换取新的合作价值。

场景的价值不该是单一的、绝对的。

2. 场景建设模式

场景要落到实处，就不得不考虑场景建设模式问题。这里我们把场景分成如下两类：

- **自己拥有的场景**。比如银行的营业网点、ATM 所在区域、配套楼宇等，这类场景以激发场景内外不同人群的交互为目标。有交互才能有转化。
- **自己没有的场景**（其实行外市场都是我们没有的）。这部分场景以合作为目标，争取在场景中获得最大权益。

对于自有场景，我们就不过多讨论了，这里重点介绍自己没有的场景，这才是大多数银行进行场景建设的主战场。对于自己没有的场景，建设模式需要分如下两种情况讨论：

- 因服务运营空白而缺失的场景。银行可以通过构建场景的整体服务方案对合作的场景进行服务渗透。这种模式主要面向的是运营普遍匮乏的新兴市场，目标是为未来培育新的发展方向。
- 因被人抢占而缺失的场景。对于这种情况，银行与其他人进行场景合作，要考虑运营的得与失，重点采用防守模式，目标是在现有场景中保证自己不掉队。

3. 价值转化

场景价值转化的方法有以下两种：

- **直接转化**，又称业务服务转化，即直接面向场景中的支付环节开展支付促活。在这种转化方法下，客户使用的权益设计和自有平台的权益设计是价值转化的连接点。
- **间接转化**（异步转化），又称客户服务转化，即通过场景把线下流量转到线上，并不断积累黏性。在这种情况下，平台服务与场景的结合程度、黏性积累的合理步骤是价值转化的关键。

值得一提的是，针对客户服务的转化，场景中的触点虽然使用的频率很高，但是交互时间短暂。如何在稍纵即逝的场景触点中把用户留存下来，是一个系统性的工作。针对这部分宝贵流量，既要考虑留存的问题，又不能用传统 App 下载的方式进行留存，毕竟场景中不存在对应的转化条件。此时可以考虑使用微信平台来积累黏性，然后设计一些与场景行为密切相关的增值权益，最终实现流量从场景到第三方平台再到自有平台的转化。

4. 化解隐忧

线上场景的空间日渐狭小，金融企业在互联网运营服务方面还有很长的路要走：一方面，金融企业在市场发展中的滞后，以及因为跳步发展引发的流量的缺失、互联网运营的短板仍然难以快速补足；另一方面，线下场景的快速发展源于较为成熟的线下商业体系，线下场景已经普遍存在，并由于区域经济发展状态的不同，场景内对运营的需求也不尽相同。对于金融机构来说，对场景理解的巨大不同可能会造成战略实施上的阻碍。

在线下场景这个领域中，场景发展的模式天然受到场景类型、运营状态、区域发展能力、用户构成和行为习惯等诸多因素的影响，所以存在非常大的差异。但是金融机构习惯于一刀切，认为一套拳法包打天下。把复杂的问题简化固然没错，但过分简单化和标准化是不符合市场特性和发展需求的。

对于不同的场景，要用什么样的方式切入，需要做好什么样的准备，以及未来如何运营，谁来运营，都是需要深入探索的问题。虽然场景建设不等人，但如果这些问题不能在建设的过程中快速被理顺，不能迅速找到合适的建设模式，那么场景的黏性和壁垒也就无法真正构建，场景的发展来得快，去得也会很快。早期找到合适的建设模式，会给竞争者后续进行深度场景融合铺平道路。

|第4章| C H A P T E R 4

用户行为培养：有了交互才有认同

场景之中，用户成为我们重点关注的对象。用户之所以重要，是因为用户行为先于客户行为出现。客户关系的连接和持续维护也迁移至用户维度。对很多银行来说，理解用户是一个全新的课题。

为了解释用户与银行的经营目标、经营渠道的关系，本章从基本的用户经营理念开始，对银行当前最核心的用户经营产品——手机银行及其产品思维进行剖析，从而提出笔者对用户服务体系建设的思考。用户服务体系的建立离不开持续地运营，而用户运营与银行常规理解的业务运营存在较大差异。至于具体如何开展运营，将在最后一节详细阐述。

第 1 节　用户行为培养的两大方向

用户行为培养需要一个漫长的过程，与用户的沟通连接离不开工具，对用户的持续理解离不开运营方法论的支撑。本节不会为广大读者介绍复杂的工具与方法体系，而是希望通过一些例子，为大家打开建设工具与沉淀方法论的思路。

该怎么看待工具

用户行为的培养依赖于对数字渠道的持续建设，然而数字渠道开发容易，持续有效运营却很难，难点集中在数字渠道的定位上。传统银行的线上渠道以手机银行为核心，故银行会将大量的服务内容构建在手机银行中。一些规模较大、数字化服务能力较强的商业银行在手机银行的基础上，推出了以优惠为核心定位的信用卡类 App，还有一些银行搭建了电商、社交甚至信息检索类服务渠道。

所以我们所说的工具，本质上就是一种承载服务的渠道，可能是一个 App，也可能是一个 H5，还可能只是一个公众号小程序。

对工具本身我们可以做如下划分。

- ❏ 自建工具体系：工具类 App、场景类 App。
- ❏ 外嵌工具体系：媒体类数字广告、自媒体、场景平台。

对于商业银行而言，渠道一般理解为网点，产品一般理解为金融产品，对"渠道工具"的理解相对较弱，但是没有渠道工具，我们对用户的理解将始终飘离在可运营的服务体系之外。

用户及其相关模型

商业银行在进行数字化经营的过程，最缺乏的是用户思维，甚至很多一线工作人员都不理解"用户"与"客户"的区别，也难以理解用户和流量的价值，甚至有很多人不了解"C 端"与"B 端"代表了什么。

银行常说"以客户为中心"，从业务经营的角度来说，聚焦客户价值挖掘虽然无错，但却容易忽略"用户"这一服务对象。**用户是还未成为客户的群体**，随着各项服务与关系的前置，"用户"成为深度影响金融交易行为，需要集中实施运营的主要对象。

从用户角度出发,对用户的运营设计需要回归到对用户本质需求的探索上。笔者认为,商业企业第二曲线发展战略中对第一性原理的探寻,就是将运营环节向前延伸。这就好像给花"掐头",去掉成熟的头部后,才会加速从枝干长出新的枝丫。

抛开对"客户"这一具有交易属性的群体的认识,我们将目光聚焦在只构建了沟通交互关系,但是还未形成交易关系的"用户"群体上,将他们作为需求研究的对象,研究他们的各种需求,包括底层需求及其他各级需求。找出那些还未被充分满足的需求后,把这些需求作为用户运营的切入点。

在这个思维锻造的过程中,可以通过对比消费者行为学与数字化服务,找到数字时代的用户行为模型,例如 AIDMA 模型、AISAS 模型、SICAS 模型。

(1)AIDMA 模型是消费者行为学领域很成熟的理论模型之一。AIDMA 分别代表注意(Attention)、兴趣(Interest)、欲望(Desire)、记忆(Memory)、行动(Action),这五个要素从前到后就是用户的决策顺序。这一模型是以传统视觉广告为起点的用户决策模型。

(2)AISAS 模型是基于网络购买的消费者行为理论。AISASA 分别代表注意(Attention)、兴趣(Interest)、搜索(Search)、行动(Action)、分享(Share),这五个要素从前到后就是用户的决策顺序。

(3)SICAS 模型是 2011 年 DCCI 互联网数据中心在电

商背景下提出的消费者行为模型。SICAS 分别代表互相感知
（Sense）、兴趣互动（Interest & Interactive）、连接沟通（Connect &
Communicate）、行动购买（Action）、体验分享（Share），这五个
要素从前到后就是用户的决策顺序。SICAS 模型更突出数字化的
感知与交互。

除了用户行为模型，市面上还有很多用户运营模型，比如
AARRR 模型及 AARRR 模型的升级版 RARRA 模型。这些模型
在推出之时都带来了较好的效果，但模型并不是一成不变的。例
如 AARRR 模型推出时，互联网整体获客成本较低，互联网流量
的运作模式也相对简单，然而今天互联网在流量计价及数字广告
运作模式上都发生了比较大的变化，因此类似 RARRA 这类变形
模型开始出现。

- ❑ AARRR 模型是一个专注于获客的运营模型，由 McClure
  在 2007 年提出。AARRR 分别代表获客（Acquisition）、
  激活（Activation）、留存（Retention）、变现（Revenue）、
  推荐（Referral）。
- ❑ RARRA 模型是托马斯·佩蒂特和贾博·帕普对 AARRR
  运营模型的优化。RARRA 模型突出了用户留存的重要性。

其实以哪种模型理论作为用户运营的思维基础都无所谓，重
点在于伴随着时代发展，对用户需求本质的洞察，只有持续洞察
目标用户的根本需求才能对运营策略做出相应的调整优化，找到
真正适合自己的运营模型。

第 2 节　产品驱动用户行为

产品是用户行为的具体承载体，可以让我们更直观地理解用户行为。银行在用户层面最核心的产品非"手机银行"莫属。本节我们将以手机银行为核心，展开讲述银行的用户产品思维。

手机银行的优势与劣势

1. 基础产品逻辑

我们通常会反思：为什么银行投入这么多的人力、物力，像手机银行这样的核心产品却依然越来越难搞，而且客户总会对其中的服务不满意？

用户在使用银行渠道类产品时要付出相当多的时间成本，这个过程和商品买卖本质上是一样的。用户认为一件商品不错，和用户会花钱购买是两回事。对于手机银行，大家可能都会说"好"，但这普遍是与传统柜面对比后得出的结论，若是与其他互联网应用相比，对手机银行的评价就不那么乐观了，这种不乐观在下载和使用方面都有体现。

信息的交互总量与信息的交互频次，成为衡量手机银行这类新型资产质量的重要指标。信息交互运营（又称流量运营）的交互深度大致可分为四个等级：可触及、可交互、可转化、可分享。银行做手机银行一定是为了转化，但如果忽视了可触及、可交互、可分享，那转化的目标也就无从谈起。

手机银行作为工具型渠道，聚焦于工具使用上的需求，这种把网点线上化的功能设计，出发点就是提升交易转化率。在缺少交互、分享的手机银行中，流量缺少一套自生长、自活跃的机制，手机银行中的流量自然只能依靠交易的频次来发展，低频的情况也就随之产生了。

因此，银行虽然可以花钱买到流量，用补贴权益去拉动流量注入，通过员工的私域流量进行不断引流，但流量存不下来，也就谈不上活跃，这不是"体验"的问题，而是"定位"的问题。

2. 假设思维

银行在做互联网业务定位时候，普遍会陷入一种假设思维。假设思维以假定条件作为需求分析原点。而且银行规划定位中的这种假设思维似乎比很多互联网机构都更加乐观。

举个例子来说。银行的诸多线上产品都将"账户里面有钱"作为产品服务向后延展的前提条件，而"账户里面有钱"会把"客户已经具备结算账户"作为前提条件，而"具备结算账户"是以"客户来到银行网点"作为前提条件，而"来到银行网点"是以什么作为前提条件呢？大部分产品设计者想当然地认为这是一个无须辩证思考的条件。实际上，"有钱"或者"有账户"并不能作为一个新产品的入口场景，"如何让账户里面有钱"这个问题，也似乎鲜有人深度剖析。

这些假设条件曾经在某个历史时期是真实可具备的，然而在时间的洪流中，已变得不再可用了，但银行的互联网业务管理部门却常常坚信这些假设条件是客观存在的。因为网点、员工、行政命令等都在持续发挥作用，自然会对各类营销条件的假设进行乐观预判。

很多时候，叫醒一个沉睡的人容易，叫醒一个装睡的人却很难。于是这些假设的条件，在 KPI 的压力下，继续扮演着"真实"条件的角色。越来越多的线上产品，不断地把前提条件归结为存量线下资源，所以看似他们做的是"互联网"的事情，其实做的还是"传统生意"。

3. 非金融破局

要解决"如何让账户里面有钱"这个问题，有时候可能不能聚焦于金融本身。客户为什么会让自己的账户里有钱？是因为你的金融产品足够好，还是因为你的手机银行足够方便、体验足够好？这些问题的答案看似是肯定的，然而实际上可能是否定的。

曾经的人们只关心存取钱的便捷，但是现在出现的海量的"非金融"因素，最终影响了每一个零售个体在"金融服务"方面的消费决策。很多时候使用金融产品的动因根本不在金融范畴内。

回到手机银行本身。手机银行的应用同样存在这样的问题，"非金融"的诉求在移动互联网时代会撬动用户在场景方面的需求，最终促使用户形成消费决策的是极致便捷的闭环服务。

4. 手机银行的定位问题

运营者需要认真考虑手机银行的定位。手机银行究竟是信息服务平台、数字金融服务平台，还是一个账户管理工具？手机银行的目标用户究竟是存量客户还是新增客户？是头部用户还是长尾用户？如果我们不能对战略进行多个维度的切分排序，那就无法对手机银行进行定位。

因为每一个维度的定位都有着截然不同的需求动因。也正是因为对需求动因的探索不够深入，所以制定的产品逻辑站不住脚，很多产品到了实施阶段就会出现"这个也想做，那个也想做"的情况，并且不断地把某一个功能发展不好归结于是另一个功能没有做造成的。这固然与早期战略规划欠缺、对产品发展没有进行短期推演有关，然而更多是因为银行产品掌舵手的浮躁造成的。

在市场供给足够丰富的时代，什么都做了就等于什么都没做，用一句话不能将定位表达清楚的产品最终都将死于无形。手机银行的死亡就是最好的代表。手机银行的用户虽然具备高忠诚度，但是用户对产品的使用频次很低。因为作为一款市场认知固定为"银行"的产品，这样的基因已经决定了它的使用场景。

举个简单的场景相关的例子。用户会选择在咖啡馆上厕所，但应该不会选择在厕所喝咖啡。喝咖啡和上厕所，这两种使用频度不同、黏性不同、开放性不同的需求叠加在一起，一定是喝咖啡吸纳上厕所，也就是高频吸纳低频，高黏性吸纳低黏性，高文化附加吸纳低文化附加，开放吸纳封闭，这与同业、异业无关，只与程度有关。

5. 影响手机银行的因素

或许是对场景与用户的焦虑，手机银行曾进入疯狂的扩充阶段，电子商务、充值储值……一切可以想到的金融的或非金融的服务都在不断被添加入手机银行，应用变得越来越庞大，越来越臃肿，最终最简单的用户需求反倒是被淹没在庞大的应用功能中，用户根本找不到。然后，银行为了解决这个问题，就开始进入一个变 UI →加功能→减功能→变 UI 的恶性循环。

其实当下银行数字渠道的问题已经不在于手机银行到底好不好用、功能够不够多，而是在于大家为什么需要手机银行，银行的线上业务到底应该做什么。

银行似乎并没有考虑到随着老龄用户的自然流失，新生代用户的资金管理诉求已经发生了翻天覆地的变化，这种用户群体以及资金掌控权的迭代，甚至不是过渡性的，更多的可能是规模性的变化。从中长期来看，这种变化不仅影响零售业务，还会延伸到批发业务。在用户结构变化的背后，对于银行来说变的是越来越难以理解的用户，以及向纵深发展、千变万化的用户需求。用户可能越来越不能理解在现金使用逐渐减少的移动互联网时代，银行除了是存放资金的地方，还是什么；用户可能越来越不能理解在投资渠道及投资品类丰富的时代，有更多体验更好的投资渠道，为什么要选择银行渠道；用户可能越来越不能理解除了大额转账需要手机银行，还有什么是互联网不能完成的。

手机银行短暂的辉煌是用切分自己的蛋糕换来的，在这个过程中没有新来源增量，这就意味着会有流量不断流失。用户需要金融服务，却不一定需要银行。没有平台化金融服务整合能力的银行，在互联网零售金融中只能被逐渐逼到"账户管理"这一狭隘的概念里。而基于现有账户管理衍生出来的金融服务产生的交叉销售量，也只是存量客户思维以及习惯导致的。互联网在资本助推下不断冲破的正是全体用户在移动端的思维惯性以及习惯，加速传统用户的出逃。

银行内部在反映类似手机银行等线上渠道的质量时，如果持续以交易额作为衡量因素，就会忽略交易量背后的影响因素，行内员工、货币政策、收入水平等诸多变量都在影响交易额这一数值，其增长难以反映整个零售金融市场的真实大小、真实质量及真实需求。在这一点上，恐怕就连银行自己也很难有效验证应用二八定律时，在自己的客户盘子中，到底哪些是真正的"二"，哪些是真正的"八"。

6. 手机银行的出路

移动互联网时代的金融需求无处不在，它与互联网一样，渗透在人们生活的方方面面，对于这种高度碎片化的场景，银行传统线下服务模式根本无法支撑，只有通过信息化的方式才能有效触达。但是手机银行却始终建立在"用户需要银行而非金融"的假定条件之上，忽视了银行在用户心中定位的巨大变化。

或许银行在移动互联网上的未来根本就不该叫"手机银行"，它的体现形式也不该是现在这种冷冰冰的线上仓库。跳出"银行"的思维束缚，深度做好生态的整合，才能够打开一片更广阔的金融天空。

深度客户思维的善与恶

银行在开展产品服务创新的过程中，很容易陷入"深度客户思维"。所谓深度客户思维，就是站在一个深度客户的视角来考虑产品问题。造成这种现象的原因很简单，开展需求设计的员工，从签署劳动合同的那天起就成为这家银行的客户，此后员工与银行的关系因为工资越绑越紧，成为"深度客户"。

深度客户关系的建立完全依靠线下，因此对于线上如何建立这种关系几乎很少有人考虑。"深度客户"在一个产品的考量中，会大概率从"客户服务"的角度出发看待问题，而非从"全量市场获客"角度，因为角色决定了视角。

因此，在银行应用的发展过程中，对于激活休眠客户、获取新客户、重建客户关系的需求，银行普遍因为难以抓住客户真实痛点而无法满足。尤其是对金融场景的开发，基于金融场景的线上全量市场获客，似乎与市场诉求偏差很大。

互联网企业做产品普遍以用户为中心，因为互联网的业务形态没有把"客户关系"作为前置条件，只聚焦于"用户关系"。用户关系锚定的场景非常多，且更贴近于"人"的基础属性，而互联网企业中的产品设计者也并非"深度客户"，而是深度的生活用户，他们具备对用户的社会、历史、文化、心理等方面进行观察、研究的兴趣，所思考的问题更多集中在"用户为何要下载，为何要使用"这样朴素的问题上。

其实大多数传统企业转型互联网企业都容易出现"深度客户思维"问题，因为在传统企业中绝大多数都是采用将"现有客户"转变为"用户"的模式，所以他们的互联网产品的发展也会受到这种存量思维的束缚。而当领导介入产品设计环节的时候，这种问题常常变得更为突出。

很多时候，互联网企业中的设计人员会思考"产品品牌标识是否会影响新客的获取""交互逻辑是否符合新用户的应用习惯""核心功能是否符合新用户的需求"等问题，但传统企业内进行互联网产品设计的人很难理解这些问题，自然也很难找到解决问题的方法，其原因都是受到存量思维以及深度客户思维的影响。

在深度客户思维下形成的产品，在投入市场后设计人员可能冒出很多的困惑：

- ❑ 为什么这个功能这么好，大家就是不用？
- ❑ 为什么要再搞个 App，都放一个里面不好吗？
- ❑ 为什么做了这么多功能，活跃就是上不来？
- ❑ 明明我们的品牌很强大，为什么难以吸引用户？

出现上述情况，或许核心原因就在于思考产品问题时，过分应用了深度客户思维。

反观一些优秀的互联网产品，其产品设计者与目标受众大部分都不是"深度客户"。或许当产品换个名字或换个 LOGO 的时候，新增用户量及用户构成就会发生变化，一些跟交易没有任何关系的功能可能带来用户活跃的提高，或成为支撑用户发展的增长点。所以"反向思维"的核心是让设计者跳出来站在一个陌生用户的角度思考产品服务的需求。

当然，反向思维也并不是适用于所有产品环节，在以客户服务为核心的"工具型应用"设计中，深度客户思维或许能够更好地优化深层服务，满足头部客户需求。

举个例子来说。手机银行与直销银行存在较大的设计差异。手机银行作为存量服务工具，最优先满足的是存量客户的服务诉求，因此重点是从"深度客户思维"转向"浅层客户思维"。从对头部客户服务的角度来看，"深度客户思维"能够更好地契合头部客户的诉求。但对于广大长尾客户来说，他们对于流程体验的诉求可能与头部用户存在巨大差异，需要降低对长尾客户的预期，应用差异化的界面版本策略去应对不同的诉求。而直销银行类服务，其核心能力应该是独立线上获客的直销能力，其目标受众的客户深度更浅。因此在进行产品设计时，应该尽可能摒除"深度客户思维"，站在"新用户思维"角度思考问题。无论是对产品设计，还是对品牌等市场策略的设计都应遵从"新用户思维"。

如果用同一套人马、同一套思维、同一种客户预期去应对不同定位的产品，可能最终很难收获用户的认可。会出现直销银行的手机银行化、互联网应用的内部工具化等非理想状态，多数都是上述这个原因造成的。

第 3 节　用户服务体系的构建

多渠道客户服务是商业银行服务的一种基础模式，商业银行天然具备多种渠道，用户服务体系的构建离不开跨渠道资源。本节将从银行渠道、App 矩阵及外部流量三个方面对用户服务体系进行说明。

看穿渠道的变迁

一直以来，我们都想要了解金融面临的经营压力的源头在哪里。大家能找到的源头有很多，比如费用资源、文化机制、组织架构，其实往下深挖会发现，几乎所有的所谓源头最后都会汇集到渠道问题上。

- ❑ 在效率不高的渠道中，营销费用无法有效提升转化率，低 ROI 的营销投入也就难以为继，这一方面可能是因为渠道本身形态与设计的问题，另一方面可能是因为渠道运营能力的问题。

- ❑ 在新型渠道中，用户经营与业绩经营之间虽然有关系但是并不那么直接，导致以经营业绩考核为核心的文化机制，难以重点支撑对用户的大规模获取，自然也难以提升企业对渠道的体验设计、运营设计的关注度。

- ❑ 渠道的发展遇到互联网的下半场，大规模渠道难以建立，也就形成了部门间的渠道竞争，渠道的建设权、运营权，以及基于渠道的产品经营权相互独立，体现为组织架构的问题。

至于金融产品本身价格市场竞争力的问题，笔者认为是一个经营策略的问题，它与风险的经营模式、客户运营商业模式、业务服务的流程策略密切相关，并不能简单地归为产品竞争力、价格因素的问题。

在分析问题的过程中，大家习惯于剖析费用资源、文化机制、组织架构的问题，但在笔者看来，矛盾的源头集中在渠道所受到的市场冲击上。客户体量越大的机构，面临的渠道质量冲击也越大。

对于"渠道"的概念，金融机构会不自觉地用线下渠道去做对标，毕竟金融机构对线下渠道更熟悉，甚至可以说金融机构的线下零售渠道是运营的典范，毕竟金融机构线下渠道的信任度在商业领域中几乎一直排在首位。当然，这种对标也不无道理，当你仔细去分析线下渠道的时候，会发现线下与线上运营没有本质区别。比如下面就是一种典型的线下场景：

（1）从招牌设计开始就考虑到品牌向市场的传播。

（2）用户看到招牌，走进大堂，完成了"用户"交互。

（3）根据人的神态、办理业务的询问，实现了"用户"的洞察。

（4）通过流程体验、办理业务、完成交易，实现用户向客户的转化。

（5）引导用户对服务进行评价，完成服务的反馈。

（6）发放其他宣传材料、客户经理添加微信、温馨告别，这些都为服务的二次传播和形成黏性构建了基础。

上述这个过程和互联网强调的3A3R运营模型几乎没有区别，毕竟商业运营的本源是相通的。只不过未来市场对线下金融服务的需求在降低，这个场景的入口流量频次越来越低。大家自然而然想到把上述这样的过程挪到线上，但运营的实际情况却似乎发生了变化。

（1）招牌在互联网市场中似乎没有了影响力、号召力和感染力。

（2）用户走进的理由变得不充分。

（3）对用户的洞察不再高度个性化，洞察的维度与深度受到机器能力的限制。

（4）服务让交互变得低频，转化和触发高度依靠客户自身的需求。

（5）客户的数据反馈难以实时应用在服务中，交易后的服务不再能让体验形成闭环。

（6）业务目标只有交易，服务与体验被忽视，二次传播与复购流程难以实现。

看似一样的运营框架，从线下拉到线上就出现了很多的问题，原因是复杂多样的，问题可能出在如下几个地方。

- 曾经的规划是把线上渠道作为辅助渠道，而不是主要渠道，所以缺少对线上渠道的运营。而线下与线上用户的出发点不同，线下用户的出发点仍然是金融服务，而线上用户的出发点是场景化服务。用户的出发点发生了变化，自然市场策略也应该是不同的。

- 对客户的分群经验不足，缺乏科学的分群方法，导致难以找准特定客群。以产品为核心的线上服务工具属性难以向以客户为核心的互联网渠道属性转化，难以改变渠道低频交互的现状。

- 线下运营虽然效率不高，但由于服务体验的获得感更高，且线下提供服务的人数多，这在一定程度上分摊了运营

难度。线上运营普遍采用集中运营的模式，人在运营中
的参与深度降低，差异化、精细化运营能力不足，体验
获得感降低。机器运营还没有达到人员运营的深度。

❑ 线上渠道的质量高度依赖于线下人员对用户的传播与激
活，线上独立获得市场、独立经营的能力无法得到充分
体现，因此引发了资源、文化、组织方面的质疑与争论，
协作效率受到影响。

其实金融机构的线上渠道发展之路注定与互联网企业不同，
因为两者的存量业务基础、业务属性、人员资源构成、资本投入
模式都不尽相同，粗暴地复制互联网企业的发展之路一定会遇到
诸多水土不服的情况。比如，很多新零售都是基于实物的消费，
但是金融这种高度数字化的服务没有"试用体验"，所以金融新
零售也注定与很多市场上的新零售不同。

对于金融渠道发展，笔者有几个大胆的猜想。

❑ 无论是线上渠道还是线下渠道，未来非金融的服务都将
逐渐增大服务比重，但不会脱离与金融的转化关系。相
比功能，内容会成为新一波战略资源。

❑ 线下渠道不会消失，反而会发挥更大的场景化作用。线
下渠道由于所处的区域经济、社区场景、客群构成不同，
服务差异性会被不断放大。经营重心将逐渐从账户经营
向客户享有权益的经营转移，更多地体现为"客户成长
体系"的运营。

❑ 线上渠道的有效发展，离不开线下人员的支撑，人员在
线上渠道交互中的作用将越来越重要，甚至起到决定性

作用。线上成为远程获得用户和体验的入口，线下成为权益经营阵地，人员成为线上精细化运营的参与主体。

❑ 线上渠道运营的核心将从场景运营转向针对用户角色的运营，运营的关键是对角色转化节点的运营。

❑ 线上渠道布局将围绕客群需求展开，同类客群的服务将被整合，差异化客群进入独立发展阶段，金融服务中台作用将被放大，渠道注册用户规模不再是关键，垂直精准客群的覆盖程度、活跃占比、活跃频次将成为主要发展目标。

❑ 线下渠道中客户经理的定位将从销售人员转为线上社区意见领袖，职业的认同感从销售业绩转为社区服务能力和影响力。

❑ 差异化渠道的建设经营主体将回归客群经营的责任主体。

对于金融机构来说，金融业务应坚守严谨性与适当性，而渠道策略应该更加开放。更加开放的渠道，可让更多人愿意参与互动，愿意在金融服务的大框架、大背景下表达生活需求，这样可以帮助银行获得金融与信息资源，帮助客户养成更好的金融习惯。

银行 App 的分合之术

虽说未来 App 的载体可能会从手机端向外延伸到其他智能终端，但 App 还是目前以及未来相当长的一段时间内，商业实体长期获取零售黏性、独立业务运营、把控安全风险的最有效、最成熟的渠道产品形态。它在业务服务、壁垒建立、平台化、开放化发展中的优势仍然具有不可替代性。而金融科技这个命题本身，也绕不开 App 及围绕 App 的开放平台建设、多维度数据运营等核心问题。

大家经常会有这样的疑问：银行到底要不要做那么多 App？是不是一款 App 就够了？在回答这些问题的时候，笔者认为"是"或"否"都是不负责任的答案，原因在于 App 产品规划是一件体系化的事情，App 的多少取决于银行发展 App 的战略意图以及资源实力。

1. 对银行 App 的理解认识

每一个 App 其实都应该有自己的使命，这些使命因 App 的核心功能、客户来源、客户差异的不同而不同。

对于银行这样的传统企业来说，不断强化的用户识别意识，使得银行在面对互联网服务时，更愿意相信"用户"是一个"人"。以人的客观性作为理解的核心，就会很难理解为什么 App 战略应该是体系化作战，而不是一款产品独霸市场。

事实上，在互联网市场中，一个人可以分化成多个用户角色，不同的用户角色贡献着不同的流量、时间和金钱。有些人称这个承载用户的空间为"场景"，人在不同的场景中角色不同，也就导致了完全不同的用户需求。这也就解释了每个人的手机中为什么会有多款 App，即便针对每款 App 的应用频次不同，但是潜在的用户角色是始终存在的。

银行绝大多数时候是把 App 当作现有服务形式的变形，而不是将其作为一个独立的互联网应用来看待，这就导致银行对 App 到底应该如何服务自身的业务发展、如何定义 App 的应用价值、如何划分 App 的使用者的理解会产生较大的偏差，甚至是混淆。

很多银行寄希望于将手机银行这类工具型应用与面向全互联网的互联网服务型应用合二为一，但两者间天生有截然不同的定位，基因也不同，合并发展的难度可想而知，历史上也鲜有这种发展模式的成功经验可借鉴。

当然事物没有绝对性，把客户角色转化为用户角色这样的"逆操作"，有可能带来服务维度的提升，并成功迁移服务重心，但是这样的操作是否会带来对存量服务的损害，还需要细致论证。

2. 对 App 市场的判断

一直以来笔者其实并不认同 App 流量枯竭、市场饱和的判断，原因有几个：

❑ 资本对互联网的应用行为并不等于传统商业集团对互联网的应用行为。

❑ 相比只注重流量而弱化核心盈利模式的互联网企业，具备成熟盈利模式且能够精准聚焦场景的互联网企业仍然有强劲的生命力。

❑ 以 5G 为代表的移动宽带的发展，使用户获取 App 的成本不断降低，加之智能硬件的发展带来了新的交互形式，这都使 App 有不可估量的发展空间。

- ❑ 没有事实证明用户市场，尤其是新的互联网用户市场，格局已经固化。巨头的显性发展并不代表其他互联网服务的衰落，因为人的用户角色细分和垂直价值需求正在不断强化。

- ❑ App 发展的挑战主要来自于如何找到合适的场景、如何使用户获得更好的服务体验、如何制定出效率更高的市场渠道策略，而市场环境中用户结构、行为习惯、需求都还在高速变化中，机遇仍然巨大。

- ❑ 互联网产业发展的人口红利虽然逐渐消失，但优胜劣汰的第二发展阶段正在开启，新平台间的流量转移的"二级市场"仍然高度活跃。

回到银行的网络金融发展上，高频场景缺失是网络金融当前阶段需要重点解决的问题，场景战略具有重要的发展意义，而场景并不等同于消费场景，输出也并非场景战略的唯一选项。绝大多数的输出场景服务都可以依靠自建＋场景化广告营销的组合模式解决，下图所示就是一种组合方式。

App 是自建场景中的重要一环，它对于支付输出（涵盖清分服务）和账户输出（涵盖直销银行服务）具有平衡支撑的作用。针对外部流量的回流沉淀，如果没有互联网自建场景服务，想要强行回流到服务存量客户的工具型电子银行应用，恐怕看到的结果只能是流量枯竭，也就体会不到互联网的蓬勃发展。

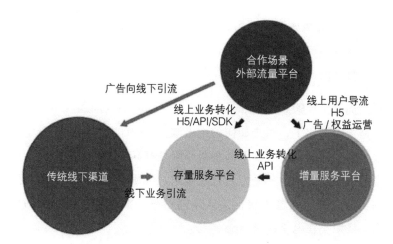

同时，App 战略能够有效构建开放金融生态。近年来很多银行认为开放 API 金融输出是开放金融的唯一正确趋势，而 App 体系则代表了封闭与过时技术，实际上 App 发展远非封闭体系，基于 App 的开放平台建设，实现开放化的用户运营，其本身就是开放共享的体现。

银行 App 的互联网场景建设，真正的难点在于 App 的区隔，以及具体场景的规划，因为这既要服务更高维度的用户需求，又要回归到对金融主营业务的支持上，毕竟面包店卖服装这样的场景错配带来不了更好的业务发展效率。

而与银行业务密切相关的场景，主要聚焦于两大类——潜在入金场景以及潜在出金场景。限于篇幅，这里不再展开。

3. App 的基础产品体系

与互联网企业不同，传统企业的第一款 App 普遍是从服务的电子化开始的，目标是最大限度地满足现有客户诉求。手机银行类 App 就是典型的"第一款产品"。然而，严格意义上来讲，这个现有客户，其实并不代表所有在册客户，而仅是现有活跃客户。所以说，服务的电子化最先满足的是活跃客户群。

而若是要兼顾那些非活跃的客户，要考虑的问题就不再是服务是否电子化了，而是如何利用忠诚度这样的其他因素。其中绝大多数非活跃客户不活跃的主要原因是有其他服务机构让他们更忠诚，这种忠诚可能是因为社交关系、生活习惯或品牌调性产生的。这也是多数电子银行类 App 渗透率和活跃度占比较低的原因，症结不在电子银行 App 本身。

打造体验更好的电子银行服务并不能从根本上解决非活跃客户的转化问题，要靠新的产品服务、新的渠道搭建来进行服务渗透。第二款 App 的首要使命应该是解决那些非活跃客户的问题，且需要站在陌生市场的视角来看待用户需求。所以对于传统企业来说，第一款 App 聚焦于服务好大规模的存量市场，第二款 App 聚焦于服务好增量市场，这种最基础的"双元"产品体系，对于应对互联网发展是必要的。

当然"双元"是最基础的框架，银行也可能会根据截然不同的存量客户来源再细分出多款 App，如以借记卡为核心的电子银行服务和以贷记卡为核心的信用卡消费服务（见下图示意）。针对增量客户，也可能会因为不同的线上场景继续分出多款 App。具体 App 的数量，由银行在 App 战略实施中的可投入资源决定。

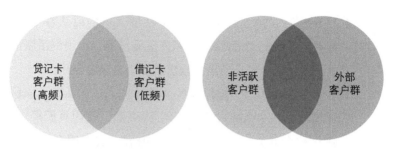

4. App 体系的整合拆分

在企业实操的过程中，早期 App 发展并没有按上述策略一步一步实现，大多数企业大规模推动 App 的同步建设，且对 App 的推广渠道高度趋同，这不仅导致 App 繁多，用户趋同，用户与企业对接的入口分散，还引发了客户和营销人员的双重抱怨。对于这种情况，对 App 进行整合成为必然。

当然，也有企业只做一个 App，导致该 App 功能过于庞大。在这类 App 中，低高频服务、大量非相关场景混合，影响了服务体验；首页臃肿、服务难找难用、响应缓慢，提高了运营难度，影响了业务转化效率。对于这种情况，显然拆分就显得非常重要。

关于合并拆分，笔者总结了如下几条建议供大家参考：

❑ 在合并的类别上，统计好各个存量 App 的客户定位，尝试用一句话概括各个 App 的目标，然后分清哪些是服务存量市场的，哪些是服务增量市场的（或哪些是以存量客户业务转化为目的，哪些是以流量积累直销转化为目的），以进行同类项合并。

- 在合并的方向上，统计好各个存量 App 的活跃客户群，比对各个 App 之间的活跃客户重叠情况，小规模活跃向大规模活跃合并，使用低频次向使用高频次合并。
- 在合并的形式上，统计好各个最终主 App 的活跃页面服务信息，在主 App 中弱化非活跃页面，重构页面层级，强化被合并 App 中的活跃服务内容，实现服务流量的迁移。
- 在合并后的处理上，对被合并的 App 进行核心功能调整，对存量用户流量进行内部转化。对无必要 App，也可永久废止关停。
- 在拆分问题上，可以通过对 App 内使用数据的分析，查看哪些功能与存量金融服务不适配，对于不具备场景发展潜力的进行删减，对于仍具备场景发展能力并可面向全部市场用户提供服务的进行拆分，同时制定子品牌独立发展规划。

5. App 的推广渠道

我们都知道 App 发展中很重要的一环是营销，将 App 更好地推送给目标用户是非常核心的环节。但是银行 App 在营销的过程中普遍采用高度趋同的市场策略，未对 App 的类别、定位做出明确区分，因此常出现以下情况。

- 高度依赖线下网点内渠道，对到店客户过度营销。
- 高度依赖员工渠道，对存量朋友圈过度营销。
- 高度的标准化广告，让线上与线下趋同，无法突出场景特性，转化效率低下，获客成本攀升。

❑ 过分强调金融属性及银行品牌，阻碍渠道传播能力。

对此，我们提供几条渠道发展建议供大家参考。

（1）面向存量客户的电子银行服务，充分应用以下存量渠道。

❑ 网点渠道。

❑ 代发类企业渠道。

❑ 员工渠道。

❑ 电销渠道。

❑ 线上精准营销渠道。

（2）面向增量客户的场景服务，充分应用以下渠道。

❑ 应用市场渠道。

❑ 搜索渠道。

❑ 特定户外媒体渠道。

❑ 合作企业渠道。

❑ 存量客户的社交关系渠道。

❑ 线上精准营销渠道。

❑ 线下非网点场景渠道。

6. 银行 App 展望

银行 App 的发展其实现在只是开始，当下的 App 只是满足了服务电子化的需求，而对于互联网增量市场的服务、场景的创新融合，远还没有形成成熟的发展能力，银行在 App 战场的第二步还没有跟上，App 的发展也远没有过时。

对于来自客户、市场的抱怨，更应该清醒进行分析：客户抱怨的到底是 App 的数量繁多，还是无意义的入口分散和糟糕的体验？核心矛盾到底是数量，还是定位？

App 战略发展的好坏，依赖于核心定位、自有的可持续投入的资源、优势资源、市场渠道策略、盈利发展模式。银行其实拥有比各大互联网创业企业更具竞争力的 App 发展能力，但却没有将优势有效发挥出来。

App 发展与开放金融没有任何战略冲突，相反 App 是开放金融战略的重要支撑。App 的发展，尤其是围绕 App 进行开放运营、服务生态建设，可以起到扶持产业发展、协同国家战略延伸、把控服务风险的重要作用，对普惠服务升级、国际影响力提升也可起到积极促进作用。

App 看似只是一款移动应用软件，但 App 的服务能力在很大程度上客观地反映了一家银行在零售服务中的金融科技能力，这种科技能力不仅体现在所谓的"把软件开发完整"上，还体现在"让软件令人喜欢"上。如果这样的思维守不住，无论在 B 端还是 G 端，也同样会在残酷的互联网竞争中遭遇严峻挑战。

如果银行不能从更高视角去看待 App 对自身业务发展的作用，了解新型渠道背后的价值潜力，用恰当的方法提升自身对新技术的市场化应用能力，而是把 App 发展的乏力归因于行业发展大环境，未免有些跑偏了。

7. 多 App 战略

上面分析了一个 App 和多个 App 的问题。本小节则针对大家比较关心的多 App 运营，给出一些笔者的建议。

那么银行的多 App 战略到底应该是什么样的？或许可以在以下内容中发现合理规划空间。

- **从管理客户转为服务用户**。传统银行服务的注册门槛奇高，对身份要素信息要求严苛，且产品功能基于账户信息开展，无账户信息则无功能可用，这些都是管理意识高过服务意识的表现。互联网获客则充分体现了对一名无贡献用户的尊重。

- **从金融服务作为切入点转为场景服务作为切入点**。传统银行服务都是以金融服务作为切入点的，金融服务的服务低频，难以构建平台的基础流量频次和用户黏性。整合垂直资源形成场景服务，可用高频带动低频行为。

- **从自建服务转为平台化标准化引入**。传统银行服务都要求自建体系，对合作伙伴的服务引入关注不足，或是没有形成引入标准。其实搭建平台提供标准服务比自运营单一服务要更有效。

- **从做功能加法转为做功能减法**。银行在场景类 App，尤其是非金融场景类的 App 方面经验不足，故为了让产品丰富，只能不停叠加功能，导致凭空增加自身的实施难度。银行做了太多年的加法，或许应该多关注如何做减法了。

- **从闪亮登场转为精耕细作**。一个产品的成功三分在设计开发，七分在运营推广，即便服务再好、产品再好，如果疏于运营推广和对用户数据的分析洞察，结局都是失败。早期的数据反馈是应用培育至关重要的一环，过分关注一炮而红不如精细化运营早期版本。

❑ **从急于存量联动转为先独立发展。**有的时候，因为对上线结果的担忧，银行会急于从存量市场中找到业务帮助，导致 App 针对存量和增量的定位不清晰。只有聚焦增量市场，不和存量业务做不平等、不公允的对比才能真正放下包袱。

❑ **从市场品牌依赖转为独立市场品牌策略。**传统银行服务都要求举着银行的招牌吸引客户，而银行品牌因为缺少互联网基因，这就必然会导致市场策略低效甚至无效。

对于多 App 的营销推广及金融业务转化，笔者的建议是：

❑ 将银行自身基础设施、人员的营销价值，以及采购的营销资源，通过商务合作杠杆放大并转化为可用于自建平台生态建设的资源，对其进行精细化管理、分配。

❑ 对于增量市场，场景 App 内的金融服务采用直销模式，绩效直接统计并返还至营销人员个人，这样可以最大化个体价值。

其实在笔者看来，移动互联网整体流量已经到达瓶颈期，但也正是由于巨头流量达到了瓶颈期，全市场流量策略的关注点才会从"量"转为"质"，才会出现移动互联网市场"流量再分配"的窗口期。

而银行未来发展必须依赖赋能、生态、场景战略，但这并不意味着只能开放 API，也不意味着只有把自己打造成纯粹的底层输出才是唯一正解。"开放"是未来银行发展的必经之路，而"输出"只是"开放"的形式之一。对于开放和输出，我们后面有章节会专门讨论。

没有任何事实证明自建、优化 App 体系在零售市场是低效的。如果银行业因为害怕自身能力不足而刻意避开这一互联网零售业务发展的必经节点，那么即便是在底层输出方面也很难保证服务的高体验，也不能构建长期的壁垒。

自建平台化的 App 服务体系，同样可以实现平台化的"生态赋能"战略目标，同样体现了银行对自身资源的开放共享和对生态伙伴的扶持，同样可以稳固生态关系。

无论是单一 App、双元 App、App 矩阵战略，都是围绕着目标市场开展的，只要目标市场需要，能够实现对目标市场的获取，至于是几个 App，都不该成为一个让人纠结的问题。多数让人叫苦不迭的其实不是银行的 App 太多，而是定位不清，体验滞后。

用户流量的构建之术

一直以来，我们常常听到关于金融场景高频与低频的争论，也正因为如此，银行越来越关注用户与流量。但在实际工作中，我们也常常看到，有些银行对流量的理解过度依赖高低频的划分，甚至认为高频流量是驱动数字经营发展的主要因素，这其实并不准确。

从大的原则来看，流量频率的高与低，并不直接决定数字经营的好与坏，低频流量也可以创造大量价值，高频流量也有可能带来低效的运营结果。因此比高低频更关键的是流量的质量。而评价流量质量的依据，是用户需求运营空间的大小，包括需求的起始状态、持续交互的时长、可运营的方式与权限等。

1. 互联网企业什么时候要高频流量

互联网企业早期追求流量，是因为商业模式短期无法获得盈利，高频流量与用户是核定其价值并持续引入资本、持续经营的关键指标，也是持续运营创造价值的关键，对高频流量的获取自然成为互联网企业早期发展的根本。

但是高频流量就一定会带来盈利吗？我们看到绝大多数互联网企业在未形成极高的活跃用户量级以前，虽然收入增长可观，但盈利水平仍然承受较大压力。毕竟流量的规模效应还没有显现。

高频流量的背后一定是需要通过丰富的变现手段转化尽可能多的用户，从而实现盈利。但是为什么互联网流量可观，与金融产品的合作却不多呢？

监管虽然是一个原因，但核心原因还是在于，金融产品固然好，但需求远不如日常消费品，单靠金融产品难以满足长尾用户流量的运营需要。

所以，在互联网进入商业化阶段，就形成了一种平衡：金融产品转化收益高，但是转化率低，互联网接入需求并不强烈；日常商品转化收益低，但是转化率高。当下互联网企业甚至渗透至实体经济中，通过自建多元产品体系来挖掘更大的收益。

在市场经济的取舍中，不同的交易属性会通过筛选实现相应的价值，所以我们看到大多数的互联网流量应用在消费品电商交易中，真正用在金融领域的很少。前几年 P2P 发展的结果大家也都心知肚明，把金融产品做成消费品并应用流量运营模式势必会放大风险。

2. 银行获得的高频流量质量如何

有很多银行在发展线上渠道的过程中，非常注重渠道的使用频次，比如高频消费、高频权益等，因此"登录有礼""便利店补贴""缴费特惠""食堂打卡""早点优惠"的营销方案层出不穷。

但是，流量因何而来？流量因何而留住？花钱补贴来的流量真的创造了价值吗？

流量汇聚的原因有很多，例如补贴、有价值的产品、有价值的内容，从银行当前拉取流量的产品或服务的角度来看，绝大多数的流量来源都带有明确的目的性。而这种目的性与内容服务无关，主要取决于产品和补贴。

很多人会忽略流量背后的目的性，但目的性会直接影响流量的后续运营。例如，登录银行渠道本身就带有办理某一业务的明确需求；去便利店就带有消费某一商品的明确需求；吃早点就有吃完赶紧上班的明确需求。

用户在产品和补贴方面的需求都很相似，就是短平快，获得即结束。场景的本质也是一样的。

在传统厅堂营销的背景下，产品和补贴的作用更大些，只要客户来，营销人员就可以通过"人"的因素，在5~10分钟的聊天中让客户被动接收信息，以激活潜在的金融需求。但是在线上服务的过程中，这种交互的时间甚至小于6秒，明确的需求满足后，流量的黏性就会快速降低。这种"所见即所得"的需求，在线上服务中比线下营销更为明显。

因此对于银行来说，获得流量不是这个时代的难题，流量做得高频并不难，如何留下流量并延长交互时间才是需要重点解决的难题。

3. 银行需要什么流量

银行的流量按照属性可以分为三大类：金融产品流量、支付流量和公关流量。

（1）**金融产品流量**。金融产品不同于消费品，金融的需求不产生于"逛街"的过程中（你绝不会因为无聊所以去逛银行），用户在选择某一金融产品服务时，相关的金融需求产生于特定的条件下。

因此，无论是投资理财还是信贷，撬动金融产品的需求一定是低频的，而低频流量的运营，最核心的是准确性。

通过准确性创造价值的条件有三个——正确的时间、正确的产品和正确的人。因此人绝对不能无意义地寻找，而是在成熟的流量池中，通过对应的兴趣偏好在正确的时间来锁定正确的人，最后给到正确的产品。所以如果想要主动出击实现线上流量的经营转化，找到大基数且持续活跃的流量池，研究精准营销匹配方法，会比在传统电子银行渠道体系内运营流量更有效。除非电子银行渠道本身已经具备丰富的流量且黏性足够高。

（2）**支付流量**。支付流量带有明确的目的性，交钱→拿到自己想要的产品服务→结束交易。所以支付流量的运营空间非常狭窄，总体需要依靠持续的优惠权益运营。

而从另一方面来说，支付流量是否有价值，不仅取决于支付场景，还取决于支付工具，以及工具背后的产品逻辑，而且产品逻辑更为重要。

支付流量的价值，一方面来自用户端银行卡结算的收益，一方面来自商户端的金融服务。如果我们把支付流量用来撬动渠道活跃，就要想清楚撬动"什么渠道"的活跃，以及花多大成本创造多少价值。因为短时、高频的流量，并不能撬动大多数非成熟渠道的活跃，也难以解释清楚对价值创造的综合贡献。

（3）**公关流量**。这类流量没有明确的交易转化需求，更多的作用是持续维系市场关系，拉取用户对市场的关注。这种流量需要更为广泛的覆盖面，尽可能降低年度单用户触达成本。

综上可知，银行业传统的"用户流量观"，是锁定在自建渠道的范围内的，这种流量获取的瓶颈，会因为渠道产品的设计思路的不同而不同。

当下的"流量观",更要从自建渠道,延伸至全市场流量的范围,当流量唾手可得,用户习惯于所见即所得时,流量经营自然也就进入了新的范式。而金融因为其服务的特殊性,自然更加关注流量的识别、服务的供给和交易的闭环。

过分考虑流量频次的高低,只关注发展自建渠道的流量,而忽视全域流量及渠道定位,可能难以达到数字化经营的根本目的。

第4节 运营能力的培养

银行对运营这个概念非常熟悉,运营管理是贯穿银行管理的非常重要的内容。但是在互联网时代背景下,银行的运营是什么呢?是业务运营吗?渠道运营的本质发生了什么变化?这些问题都是需要我们正面回答的,银行对运营恐怕需要有全新的认识。本节我们将对运营进行总体介绍。

对银行互联网运营的思考

我们一直以来都在说银行缺少互联网运营思维,但是互联网运营对银行意味着什么?"运营"又到底应该是什么?应该具备什么能力?这些问题好像大家都有些感觉,但又普遍有些语焉不详。

笔者认为运营首先要回归到几个基础要素。

- ❏ 有效触达。
- ❏ 有效识别。
- ❏ 有效交互。
- ❏ 有效反馈。

其中，触达体现了渠道自身的市场能力，识别体现了数据分析能力，交互体现了产品体验设计能力，反馈体现了产品业务经营能力。这些内容都与运营相关，但是对能力的要求侧重点截然不同。

过去我们通常效仿互联网的做法，尝试追求 App 的高 MAU（月活跃用户数量），但是银行与互联网在模式上并不相同。

- ❏ **产品属性不同**。银行类产品大多为低频工具型产品，若是想转向做高活跃产品，则缺少场景支撑，现有的场景与金融品牌也未必匹配。
- ❏ **商业模式不同**。银行类产品不追求广告变现和估值提升，追求的是综合经营价值的提升。
- ❏ **存量构成不同**。银行存量业务庞大，追求高价值人群，主流年龄层较互联网更大，兴趣关注点和市场影响因素不同。

因此从产品的特性上来看，单纯追逐高 MAU、DAU（日活跃用户数量）的做法，恐怕并不能代表银行的互联网运营需求。如果只是为了追求 MAU、DAU 等指标，就不可避免地会出现依赖各种补贴、发券来拉升短期活跃的情况。但这样的高活跃同时也带来了成本的大幅提升,并不能带来银行经营效率的长效提升,也无法构建银行与客户的高质量连接。

要解决这个问题,我们或许要先将"运营"拆解开来,将运营分为市场运营、活跃运营、交易运营这三个部分(银行体系下市场与运营融合难以区分),如下图所示。

这些不同运营环节是从外到内层层递进的关系,其运营的侧重各有不同,其属性也是从渠道拓展逐渐过渡到金融业务产品经营,由于专业性不同,做好运营的分工更为关键,如下图所示。

(1)**对市场的运营**:本质上就是对自营渠道的推广,这个推广既有渠道直接面向市场流量进行的运营,也有通过内容、产品间接将外部流量转化到渠道的运营,目的是从外部实现存量的激活,如下图所示。

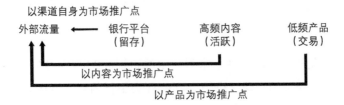

而从当前市场运营趋势来看,基于内容和产品的市场运营

（以金融场景为核心），更符合金融类渠道产品的市场运营策略，并有更大机会形成增量价值。

（2）**对活跃的运营**：基于内容的交互更符合当前用户市场对活跃运营的预期。而活跃运营需要依托快速迭代的内容，因此内容交互需要以强大的内容产出及管理能力作为支撑，由于银行自身普遍具备这方面的专业化运营能力，开展合作运营、生态化运营，做好合作机制及活跃交互体验，或许是更为有效的运营策略。

（3）**对交易的运营**：实现交易是运营体系的最终目的，在这个过程中既需要理解客户的属性并洞察用户需求，也需要深度了解金融产品和金融业务的特点，要将人的经验通过数字化的方式展现出来。因此对交易的运营主要是经营部门的责任。

总体来说，"运营"不只是针对广告位、弹屏的运营，还是全界面的动态布局、产品的动态排布、优质内容的算法展现、用户行为的交互引导、关键节点的营销推送等体系化的运营。这些数字化发展中的问题，看似是渠道的问题，但仔细想想，本质上还是市场管理、客户与业务经营上的问题。用户的数字行为最终还是要高度还原到客户业务经营的目标上，不能脱离对综合经营效益的全盘考量和调控。

当前的互联网企业也从对流量的价值获取，转向对用户的价值挖掘。在商业模式普遍回归本源的时代，银行运营或许该适时从对平台工具活跃的关注，转向对存量资源和"人"的关注，将运营进行更为细化的分工，去充分发挥渠道应有的价值。

在银行与长尾客户连接黏性不足、渠道活跃渗透尚不理想的情况下，有效提升工具平台的流量承接体验，在开放、海量、成熟的外部市场中，识别存量、触达存量、洞察存量、转化存量，达到客户关系和业务转化的平衡点，可能是未来开放化数字广告、市场运营的发展趋势。

运营到底是什么

我们前面提到过，很多人都认为银行缺少的是互联网运营思维，这是银行与互联网企业在产品运营方面最大的不同。此话听起来没错，但似乎又少了很多内容，比如互联网运营是什么？互联网运营是否具备前置条件？互联网运营是否能应用在银行中？客户到底是否会为银行的"互联网运营"而买账？要回答这些问题我们可能要先回到最根本的问题：运营是什么？

对于运营，大家普遍有两方面的认知：一方面是为了保障业务正常开展而提供的一系列保障性中后台服务；另一方面是为了业务发展而开展的前端转化拓展服务。

前者运营的是业务交易服务的可持续，而后者运营的是客户行为关系的可持续。大家所说的银行缺少的"运营"，实则是指后者。

而运营客户的行为，则要分为线上行为和线下行为两个方面。只有先分开看清楚，才能更准确地理解线上线下融合运营。

1. 线下

我们先说线下。网点渠道通过多年深度优化和开发，已经让其从交易主导转变为服务主导，可以说银行线下的运营能力是较为完整的。但问题是由于业务办理离柜化现象突出，线下的可运营资源缺失，导致运营能力无法释放，"运营能力"甚至直接等同于销售能力和推销能力。

笔者认为线下运营资源和运营能力的失衡主要是由于银行过度关注"业务排队矛盾"，而忽视了对排队人群这样的可运营资源的合理应用和转化。简而言之，网点服务转型与排队纾解没有打好配合，节奏没跟上。在与线下客户交互最深的时代，手握"等待"这个最痛的市场痛点需求，却没有改变客户对"网点服务和场景"的认知，没有提升网点的体验价值。

在新时代单一网点的市场影响力有限，只能等着总部去集中资源改变市场对线下的认知。总部在数字化背景下对数字渠道的关注更高，却又难以摆脱对传统的网点销售的依赖，自然网点的处境就变得越来越被动。

当然历史不可逆，只能朝前看，线下的可运营资源正在从厅堂内转到厅堂外，运营的触角也需要从内转向外部延伸。如何通过互动设备让厅堂外的人参与到互动中，通过在合作场景中的曝光向网点引流，成为线下更该关注的运营内容。线下运营资源大致分为以下几类：

❑ **网点外的"门前"空间**。运营方向主要为视觉与听觉的优化，带动潜在客群了解服务内容。

- **网点周边的合作商户**。运营方向为权益的投放，回流为客户的线上连接，聚焦消费侧权益。
- **网点定向服务的代发企业资源**。运营方向同上，不同的是该分类聚焦存款投资侧权益。
- **ATM机具的辐射能力**。现金使用走弱带来的是对ATM应用的降低，因而ATM的转型成为继网点转型后的下一个重点，能否避免ATM走向网点处境取决于对ATM功能的变革，和对ATM在场景中交互能力的提升。
- **区域户外媒体的投放与场景行为运营**。聚焦于户外媒体场景的运营转化，以一级行、二级行集中运营后向基层分配流量为主要运营方式。

当然，对某些线下运营资源的利用并非网点可以解决的问题，甚至并非银行自己可以解决的问题，因此引入深耕场景连接的合作伙伴，将短期连接价值最大化，是线下运营的重中之重，这个过程考验的是对运营流程的精细化设计。

2. 线上

下面再说说线上运营。在线上数字化服务中，主要就是针对"流量"的运营。显然运营的方法模式，取决于流量的"特征"和"属性"。高频流量和低频流量的运营聚焦的节点不同，金融流量与非金融流量的运营聚焦的内容不同。

线上运营首先要区分总部运营和区域运营。总部运营解决的是总体流量的运营问题，区域运营解决的是在线上线下特征融合的情况下（流量具备明确的属地特征），流量的精细化运营问题。

但无论哪种运营方式，有充分的可运营流量资源都是第一位的，如果没有可运营流量，或者流量质量很低，交互频次不高，流量的整体运营能力提升就会变得非常缓慢。下面对线上可运营流量资源进行一个初步整理。

- ❏ **手机银行类流量资源**。低频刚性，运营重点是在交易环节带动交叉服务。可运营权限高，运营成本低。以流量直接转化为交易为主要运营目标。
- ❏ **互联网媒体类流量资源**。高频刚性，运营重点是在广告营销环节进行激活转化。可运营权限高，存在一定运营成本。以流量的留存、二次运营为主要运营目标。
- ❏ **服务输出合作类应用流量资源**。运营重点是与场景的结合，依托于合作应用，进行应用内部的转化。可运营权限低，存在一定运营成本。以流量在体系内的交易为主要运营目标。

从线下到线上，从内部到外部，流量特征属性差异非常大。以上三类流量资源，所应匹配的运营策略也有较大差异，流量运营的目标也不同。

相对互联网企业来说，银行面对的"流量"运营维度更加复杂。在互联网的下半场，银行运营的主战场也并非像互联网企业一样聚焦于自营的 App 类产品，流量的来源更加多样。在业务层面，银行经营的不是快消品，自然运营的策略也与互联网企业不同。如何将流量运营对应到真实客户身份，洞察用户深度需求，构建长期服务，是银行流量运营的核心。

此外银行线下流量的运营能力，恐怕对绝大多数互联网企业来说可望而不可即，线下关系网络对线上流量的全面支撑和效能放大，是流量运营中的全新领域，且正在社会传播中扮演越来越重要的角色。

所以很多银行复制互联网企业运营方法的做法是较为低效的，很多表层的运营玩法未必能够实现大家想要的目标。或许运营更应该注意几个方面。

- ❑ 严格区分运营主战场，不同战场配置不同的运营工具、策略、目标。
- ❑ 做足总部运营基础能力，做大可运营资源池，做好流量运营的分配机制。
- ❑ 为分支机构授权运营能力，提供补充运营工具。
- ❑ 市场营销与运营已经日渐一体化，增强对市场的培育意识，从系统层面实现市场和运营的有效承接。
- ❑ 聚焦客户的根本需求，看清市场基本规律，勿被新鲜热词过度洗脑。

运营与销售的融合

一直以来，我们都说银行的核心痛点其实就是营销的问题，通常大家提到的场景问题、体验问题、运营问题、数字化问题，乃至组织协作问题，本质上都是为了解决营销的问题。那么到底什么是银行营销问题？

1. 多级传导的销售模式的隐患

总体来说，银行面对的核心营销问题在于银行传统"营销"模式的逐渐失效。之所以说"逐渐"，是因为商业银行在价值客户的经营中，从总行到网点这种传统多级传导的销售模式仍然在发挥巨大的作用，我们暂且把这种作用称为"存量价值交叉销售转化的作用"，这种作用看起来强大，却存在一些隐患。

隐患 1：存量价值增长可能并不代表存量质量提升。存量价值在增长，但供给这种价值的客户可能正在分化或者流失，但从总量上看，由于社会经济的发展而呈现持续增长，这种价值在头部中的范围收缩与规模增长，事实上带来了长期经营上的隐患。

隐患 2：长尾价值可能正从现有渠道流失。存量价值的经营导致多数服务资源向头部聚集，而缺少对于"长尾用户"的持续服务能力，导致"金融"这一业务形态在大量长尾客户中的认知薄弱。认知薄弱带来了"交互关系"的弱化，这也是银行在互联网第三方支付的竞争中败落的一个重要原因。

隐患 3：长尾黑盒可能正导致对"假长尾真价值"的误判。被动的坐商模式导致对长尾用户信息的缺失，进而导致缺少对真假长尾用户的判断，缺乏对需求的了解，也缺乏对需求及时满足的途径。

2. 造成营销无感的原因

多级传导的销售模式本质上就是一种销售管理模式，银行过去的市场经营，几乎就没有"营"的过程。从存取款的刚性需求到金融产品的销售，商业银行做得更多的是"维护公共关系＋销售管理"的组合，不断建立信任感，大打安全牌的同时，通过区域经营店的方式获得客户。

久而久之这种"公关＋销售"的模式，成为银行心目中对"营销"的基本定义。营销也就成为销售的变形。如果仔细观察不难发现，我们今天所看到的各类银行营销活动，更多的是一种销售目的的通知工具，这些营销潜台词普遍是"买吧，买了有礼物"。

各家银行的活动铺天盖地席卷而来，多如牛毛的营销活动却难以产生现象级的营销效果，金融消费者真的感受到银行活动带来的情感刺激了吗？答案是否定的。用户对这种营销的无感可能是以下三个原因造成的。

第一个原因是内容匹配上的偏差。

工具型的营销，对于那些对银行与金融已有强烈感知的头部价值客户来说效果更好，但却未必对中长尾用户奏效，甚至对于很多看似是"头部"的客户来说也未必奏效。

很多人认为，要激活中长尾用户应学习互联网企业的砸钱套路，用权益奖励去撬动需求。但对于中长尾用户来说，金融需求的出现很难依靠"权益"刺激，因为金融的理解门槛对于绝大多数客户来说都太高了。

"送好的权益＝转化好的产品"这个等式并不一定成立。权益的作用确实很强大，但权益的作用要细分来看。总体来说，可参考以下公式。

$$权益对营销转化的效果 \approx 对权益的认知 \times 对转化目的的认知$$

对于金融知识储备极其丰富的"真头部用户"来说，他们认为权益有对应价值且对产品目标很清晰，那么权益营销就能发挥作用。对于知识储备不足的"假头部用户"和"真长尾用户"来说，他们认为权益有对应价值，但其对产品目标认识不清楚，所以营销的效果就会打折扣。

而如果用户对权益本身的认知也存在问题，例如对权益根本不感兴趣，对权益的价值感知与实际价值不匹配，若再加上在目标认知方面的不匹配，那么总体的营销效果就会非常差。这种差体现在用户参与欲望不强及传播推介欲望不强方面。

但中长尾用户偏偏就是一群很容易对目标认知不够清晰的群体。对于中长尾用户来说，"权益"设计本身就需要精细化。也就是说，在权益设计中应该为不同属性的客群匹配不同的权益。针对权益转化的目标，也应该根据不同用户对金融认知的差异而做出调整，或聚焦于已经形成普遍认知的业务领域，或聚焦于让长尾用户不断加强认知的教育过程。

对中长尾用户的唤醒激活可能并不在于为其匹配了多么好的"金融产品"，毕竟对大多数人来说根本无法理解金融的好坏，能够理解的只有"利率的高低"。但如果金融机构粗暴地把利率的高低作为对产品好坏的宣传依据，显然背离了金融机构的市场经营原则。

营销好坏的背后，应该在于匹配了什么样门槛的服务。对于我国海量的中长尾用户来说，低门槛意味着金融小白的快速入门。入门之后，才可以为用户匹配一套可不断进阶，可培育能力的运营玩法。

第二个原因在于营销传播的适配。

银行现有的营销架构体系，导致了营销高度依赖存量渠道。而将对头部的经营经验转嫁到对长尾用户的经营中，渠道触达能力的不匹配将导致营销失效。

渠道适用于头部经营并不等于渠道适合用于长尾用户唤醒，即便是网络金融框架下的各类 App，也难以逃脱"激活困难"的厄运。毕竟渠道的高度重叠，对存量渠道的重复触达，导致营销效能被不断削弱。

"效果不好活动来凑"成为银行应对营销传播不足，应对营销效果削弱的重要手段。但是当活动越来越多的时候，营销就更难以聚焦运作，当散点式的活动配上散点式的场景，营销的效果也就可想而知了。

一盆沙子对市场的打击能力终究抵不过一块板砖。若在这种情况下加码"员工私域流量传播考核"，那就可能在复杂繁多的营销任务之上，再次给员工背上一层痛苦的指标。

加强场景打造，增强营销人员裂变考核或增加广告投放量确实会对传播有些许帮助，但入口的设计、渠道流量的匹配、内容与热点的分层次助推更是扩大传播的必备要素。

第三个原因在于缺少了品牌的共情。

金融业务本身触动不了情感，以销售管理为导向的营销，总会少了共情的成分，自然也就难以洞察消费者在金融服务方面的根本诉求。

很多时候，洞察会被异化为对交易结果数据的统计分析。而统计只能告诉你结果，却不能告诉你原因。找不到原因就更难以找到原因背后的诱发因素。而这些因素，更依赖于对人性的研究，而非对业务本身的研究。

综上所述，商业银行因历史发展轨迹，过去不太需要所谓的营销，但这并不代表未来不需要营销。当国家扩大金融开放，把金融能力建设提到新高度后，金融机构在市场中的定位就开始快速发生微妙变化，小型机构的合并机会增大，中型机构的重组机会增大，大型机构新增职能的机会增大，这都意味着用户对市场的认知将发生大变化。

银行努力想要补充的数字营销短板，可能最缺乏的并非庞大的系统内核，而是"营销"中这个"营"的体系和对硬件之外那些软实力的塑造。商业银行应该强化"运营"能力建设，更应该扩大运营范围，通过运营找到市场真正需要的服务方向。

|第5章| CHAPTER 5

如何做好新型业务

银行业务的本质可能并未发生变化，但业务的发展形式正在发生快速转变。网络金融业务与传统金融业务有什么区别？电子银行与网络金融是什么关系？怎样做好支付业务？直销业务的本质是什么？企业的业务模式变了吗？带着这些问题，本章将从五不同角度带大家看一看新的业务形式。

第 1 节　网络金融的业务全景

本节将从业务角度对银行网络金融做一个简单的梳理，以帮助大家理解网络金融的定位，知道网络金融与传统电子银行到底有什么区别。

与网络金融有关的主要概念

关于网络金融有很多争议，要想平息这些争议，就要充分理解网络金融。下面我们就先从几个概念的对比讲起。

1. 金融产品和网络渠道

网络金融前端聚焦于网络渠道的创新，后端聚焦于金融产品的创新，金融产品提供了包括线上资管、线上融资、线上支付三个核心领域。网络渠道的创新聚焦于运行在智能手机、可穿戴设备、物联设备等硬件之上的软件平台。

而网络金融的本质是将合适的金融产品，通过合适的网络渠道推送给合适的潜在金融客户，从而实现服务交易的转化。网络

渠道与金融产品需要平衡发展，发展点包含渠道创新、服务流程
优化、产品适配等。

不同时期的产品和渠道的特征示意如下图所示。

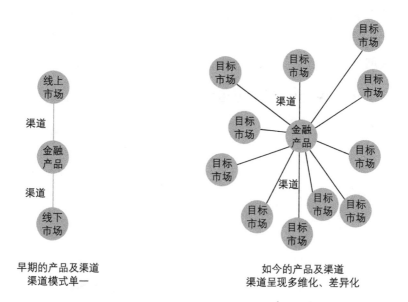

早期的产品及渠道
渠道模式单一

如今的产品及渠道
渠道呈现多维化、差异化

2. 零售（2C）产品、对公（2B）产品、平台型（B2B2C）产品

在进行零售产品的设计时，以用户需求为核心，因为要直面
消费者需求，所以用户交互体验、零售品牌感知的优先级较高，
对批量化和标准化的要求较高，对个性化的要求则需要通过开放
运营体系来满足。

在进行对公产品设计时，以企业需求为核心，因为可通过对
产品进行标准化来简化教授使用者进行交互操作的过程。所以这

类产品设计中的交互体验的优先级弱于零售产品设计中的。对于对公产品来说，可以通过非线上的深度服务来维系其价值。

平台型产品设计，以平台企业需求为核心，需要同时兼顾终端零售用户的体验需求，但是不同企业客户的下游用户需求不同，因此定制化需求较高，需要开放平台具备强大的开放生态管理能力，以及优化甚至创新对业务输出风险的管理方法。

2C产品、2B产品和B2B2C产品的特点示意如下图所示。

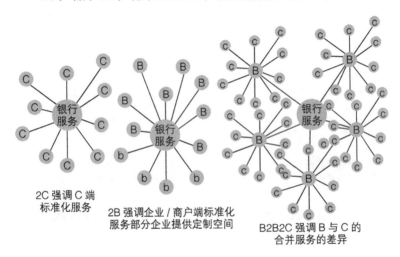

2C 强调 C 端
标准化服务

2B 强调企业 / 商户端标准化
服务部分企业提供定制空间

B2B2C 强调 B 与 C 的
合并服务的差异

3. 自建产品和联运（输出）产品

自建产品可以沉淀并最大化运营用户流量，最大化把控业务风险，构建互联网流量的壁垒。而联运产品由于用户流量沉淀于外部平台，运营权难以把握，沉淀流量价值易受到合作的"非排他性"影响，难以形成有效的平台壁垒，更多的是以交易量为需求，对运营能力提出更高的要求。

自建产品和联运产品的特征如下图所示。

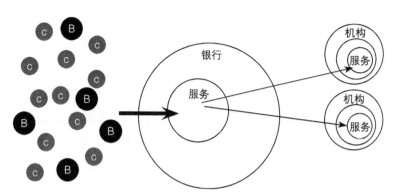

自建是用户、市场层面的流入
为核心服务获取核心用户

联运是业务服务层面的流出
在外部主体构建子服务

4. 存量优化业务和新增创新型业务

存量优化业务是基于现有平台，以及存量业务开展的服务优化，新增创新业务为从零起步搭建全新的业务形态，两者在资源投入、项目启动、运作方式上均有较大差别。新增创新型业务需要经历早期孵化、市场验证、试点服务等多个环节。存量优化业务的管理模式也与新增创新型业务的管理模式有较大区别，配套的资源投入情况及风控措施也不尽相同。

5. 传统金融业务、电子银行业务和网络金融业务

电子银行业务多为传统金融业务的电子化；而网络金融业务在满足业务电子化的同时，还需要面向新的市场、新的用户构建服务能力，以场景服务、泛金融信息服务为主。此外在互联网市场中，网络金融业务还应具备金融服务以外的配套业务，如用于新渠道孵化的资本联动、市场赋能等服务。

6. 总行直营业务、中心化直营业务和多中心自营业务

中心化直营业务和多中心自营业务都属于总行直营业务范畴。总行直营业务面向的是普适性需求。总行直营可以提高业务集中管理的效率，但是也会弱化碎片化市场下的区域差异化运营，在区域差异较大的业务领域，中心化直营效果反而难以得到保障，试错成本较高。多中心自营可以提升全行网络金融的创新活力，形成良性竞争，共享创新成果，降低创新风险，但是目前各家行创新能力参差不齐。多中心自营对分支机构创新能力要求较高。

7. 常规项目和精益项目

常规项目以自上而下的项目管理模式为主，需要得到多部门的意见反馈，还需要论证评估投产后可能对全行业务造成的影响。因此对于常规项目来说，易出现灵活度不足、缺乏市场的动态验证、项目与市场实际诉求不匹配的情况。综上可以得知，试错性创新在常规项目层面较难开展，常规项目往往仅适用于行内生产系统，却不适用于外部市场，尤其是零售市场。精益项目以满足灵活创新为基础，采用小团队、小产品、小范围投产的形式，以低成本快速验证市场需求为目标，是常规项目的前置补充，也是精益型创新的基础能力，可综合控制试错风险成本。

存量的情况

在各种存量业务中，用户群有重叠的部分，也有完全不同的部分，如果把用户群看作一个个区域，那么这些区域的异同以及

彼此之间的边界的移动方向就是我们该重点关注和研究的内容。

典型的存量业务包括：

- ❑ **电子银行服务业务**。以手机银行为代表，满足银行业务的电子化、线上化需求。
- ❑ **支付电商业务**。这个领域相对宽泛，无论是像中国工商银行的融 e 购、e 生活，中国建设银行的善融商城、龙支付，中国银行的缤纷生活，还是招商银行的掌上生活，都属于支付电商业务类别。
- ❑ **信息服务类业务**。该业务范围较广，泛指以非金融交易为核心的服务，如资讯、客服、社交等信息数据服务。
- ❑ **基于开放接口实现的与外部场景连接相关的业务**。和这个业务对应的其实就是我们经常听到的开放银行。该业务和原先银企直联业务的目的相似，只是在对象和连接方法上有了变革。

除了业务本身，在存量网络金融市场的拓展方面，银行有两大主攻方向。

1. 基于传统线下的渠道推广

基于传统线下的渠道推广是当前银行网络金融业务发展的主流模式，即依赖于线下阵地资源进行业务营销，附着于传统零售业务指标之上。因此，当前银行的网络金融市场更依赖于账户获客后的派生营销，这导致网络金融客户与个人金融业务存量客户高度重合，业务边际难以区分，而网络金融的线上获客能力不能真正释放。

正是因为银行网络金融发展普遍建立在线下渠道基础上，所以经常出现面对同一批未进行细分的存量客群重复推广某一款线上产品的情况，这就会使客群对这款产品的必要性产生疑惑。

2. 基于线上渠道的推广

基于线上渠道的推广，本应弱化传统渠道的影响，但对于以线上获客为主的新型渠道的管理，多数银行的投入力量是相对薄弱的，专业化的人才储备也普遍不足。

由于线上获客与线下获客的服务需求截然不同，需要新的线上产品去承接线上获客能力。银行需要面向全量互联网市场提供直销银行服务、信息服务、电商服务等，在品牌形象、核心功能服务、细分用户市场等方面形成与新市场相适应的战略规划。否则，即使开放了"手机银行"的注册，也会因为互联网用户对银行关注不足而收效甚微。虽有手机银行也是"信息服务平台"，但仅限于存储账户信息，难以提供平台化服务。手机银行虽然可以提供"电商服务"，但因为未构建特性价值，所以难以激发市场的吸引力。

对比银行业务，我们也可以参考下页图去分析自身网络金融的战略倾向：是依附于线下的客户服务工具，还是开发相对独立的线上获客工具？是以电子银行业务为主，还是以支付、消费、信息为主？

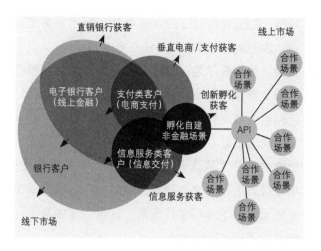

可能的障碍

上述的业务现状和资源平衡方面的问题，易导致以下业务障碍：

- **品牌局限**。对网络金融品牌建设关注不足，过分依赖银行集团（公司）品牌，银行网络金融在互联网市场中的声量极小，无法唤起互联网用户关注。集团品牌在存量服务方面具备优势，但在增量获客层面会因品牌具有局限性而受到影响。构建业务子品牌决心不强，导致增量市场吸引力不足。

- **业务定位不清**。当前银行业务过分追求单一平台的大而全，而互联网服务已经进入高度碎片化、垂直化的价值挖掘时代。大而全的平台无论是在文化特质方面还是在功能深度方面，都难以引发用户共鸣，更难以构建应用习惯。甚至有些银行的 App 都找不到市场赛道，也无法一句话向世人解释明白其核心定位。

□ **金融衍生场景不足**。金融是一种刚性的低频服务，与用户的交互黏性较弱，而以支付为核心的高频交互流量，已经被头部支付公司垄断。因此银行对用户的深度价值挖掘能力不足，导致虽然其存量用户数量较大，却难以形成交互并实施运营。同时由于高频行为数据的缺失，难以对陌生用户实施洞察。金融衍生场景的缺失使得业务拓展依赖于外部平台流量，这进一步提高了用户运营成本，利润被平台吃掉。

□ **运营能力缺失**。由于场景流量的缺失，当前银行网络金融的运营过于依赖补贴。然而补贴是为新增获客服务的，在黏客平台能力不足的情况下，补贴的获客效率不高。另外，对网络金融运营考核关注不足，会导致运营能力建设失衡。

□ **App 整合对垂直市场**。对 App 战略未做详细的市场定位，仅根据功能开展整合，易混淆 App 建设的核心目标。如不能妥善处理存量市场和增量市场的关系，App 策略也就会回缩到存量工具服务的定位，无法发挥互联网的裂变获客效果。

除业务障碍以外，由于业务定位不清，或上述对比关系不清，可能衍生出的组织管理方面的障碍如下：

□ **部门职能重叠**。从组织结构方面看，部门分工维度不一致，市场主管部门存在多头管理的现象，部门之间交叉重叠。

- ❑ **管理层级混编**。多产品线管理导致管理层存在同级混合管理的情况，或在处室和中心间存在矛盾的管理关系。
- ❑ **细分职能缺失**。缺少新资源调配等职能型统筹管理部门，由业务管理部门从事业务的执行工作。

风险的类型

风险是银行网络金融不可回避的话题，但是比风险更加可怕的是夸大风险。我们在做网络金融项目的时候，被问得最多的问题就是关于风险的。关于风险的问题其实很难一次性回答完整，因为到底是什么风险、风险长什么样、有哪些风险，需要体系化回答。

风险的种类有很多，会产生风险的阶段有很多，可描述风险的维度也有很多，所以当我们提及"风险"时，或许更应该搞清楚此风险与彼风险的关系，以及所谓"风险"到底是什么。因噎废食，或者所说的风险与实际面对的风险根本不在一个维度上，那么对风险进行探究时，就很难得到真正的评判标准和抵御措施。

对于银行业来说，风险主要有三种：传统银行经营风险、互联网络金融行业面临的新型渠道风险和在实施过程存在的项目管理上的风险。而在网络金融领域，在开放银行的背景下，我们应该重点关注科技输出过程中对风险的界定、对责权利边界的界定，以及对技术风险、金融业务风险与市场收益的平衡。

关于网络金融的建议

对于网络金融业务，笔者有如下几点建议：

（1）**针对存量客户的服务始终是基石。**针对存量客户（账户）的服务，仍然是客户长期黏性维系的基石。无论是对公还是对个人，严肃的工具型电子银行业务仍然是银行网络金融服务中不可或缺的。由于是面向存量客户，所以该部分服务更应该强化存量运营管理，增强平台客户服务的活跃水平。

（2）**把引进来的业务和走出去的业务区分好。**金融的场景化战略不代表绝对的输出，开放银行策略也应注重双向开放。自建平台代表了独立获客的能力，这是构筑核心壁垒的关键。自建平台时应该平衡好输入与输出间的资源配置，两者本为不同的业务领域，应区分管理，设置不同的发展指标。

（3）**将业务线条的边界梳理清楚。**业务线需要明确分工，不同的业务服务于不同的市场，业务的细分定位可以帮助明确业务边界，从而明确实施路径。如果细分定位存在高度重合，在战略实施过程中就可能出现内生阻力。

（4）**直销银行是金融场景化的核心。**直销银行具备比手机银行更强的"平台化"潜力，而直销银行并不是手机银行的翻版，直销银行需要依附于某些非金融的差异化场景才能发挥效能。换句话说，直销银行本身就是场景化的外延。直销银行与手机银行从来不是矛盾冲突关系，而是互补关系，这种互补不仅体现在业务本身，也体现在品牌、体验等感知交互层面。同样，直销银行与手机银行应该具备完全不同的营销渠道、营销策略。笔者认为，将直销银行电子化是没有必要的。

（5）**金融电商需要挖掘特性价值**。电子商务对于用户网络消费来说仍然是刚性需求，但电商平台同样出现了流量分化的局面，越专注、垂直的电商平台，未来发展机会越大。银行电商平台不应该以买卖价差为盈利模式，更不应该采用互联网电商的玩法，而是应该充分利用信用体系、金融服务和银行电商本身具备的在资源整合方面的服务优势。银行系电商更需要精细的、垂直价值够高的目标定位。银行电商或许永远不该采用大而全的模式。

（6）**信息服务是高频、高维度服务的保障**。银行本身就是信息枢纽，其通过对自身核心信息的处理与释放，以及对外部信息的整合应用，将可以提供巨大的信息服务空间。由数据构建的服务内容可以成为跨越碎片渠道、整合用户流量的工具。以内容为核心的信息服务业务具备获得新客户的能力。多数时候，我们与客户之间的关系，虽然最终是希望通过"金融"满足最终的需求，但不一定真的是因为"金融"而相知相识。

管理的架构

当前银行网络金融转型，可选之路无外乎三条：

（1）**独立法人直销银行模式**。重新搭建产品服务流程体系，重新优化金融产品生产模型和配套的用户感知服务体系。

（2）**部门化集中管理模式**。统一金融产品管理，强化渠道建设，平衡渠道输入输出，重建银行的线上服务通路和配套的用户感知服务体系。

（3）**分散化并行发展模式**。将网络金融服务按业务性质、归属全责划分至全行各个部门，避开重叠业务矛盾，实施全行服务优化重组。

业务的侧重点最终应该体现在组织架构的设计上，以便各个组织内的个体各司其职，高效推动企业运转。然而业务的不确定性也会同样干扰组织的稳定性，因此，业务层面的战略规划，与组织架构与管理，总是相辅相成的。

我们总结了一些主流银行的组织架构（见下页图），这里出于保密的原因，隐去银行名称。

还有一些负责对公、零售、线下智能机具等工作的团队会归并到个人网络金融、渠道管理等部门。或许银行惯用的处室中心与互联网惯用的事业部、事业群模式可以在一定程度上进行融合。银行网络金融战略之所以看着像一片黑森林，主要是因为庞大存量业务体系带来的意识牵绊，这些意识牵绊导致很多时候我们顾左右而言他，前进而思回撤，当然其中的原因还有干扰项太多、诱惑也太多、想要的太多等。然而森林还是那片森林，终究还是应该从容地穿过，直抵远方的。远方不该丢弃，而路上的风景也很精彩。

几家主流银行的网络金融部门架构

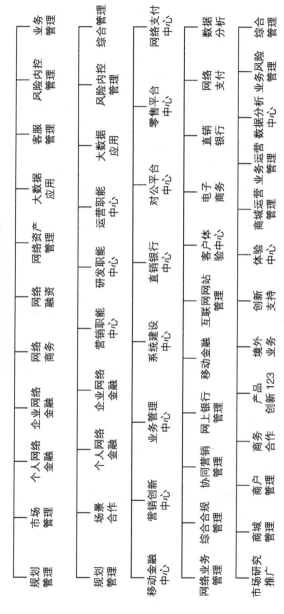

第2节　电子银行业务的进阶

电子银行业务其实一直是偏传统的业务，往往都是一种柜面业务的线上化，因此其服务路径很清晰：

用户 → 柜面开户 → 开通网银 → 线上服务

所以电子银行业务无论是 PC 时代的网上银行，还是移动时代的手机银行，起点都是由线下注册而来的，业务必然也与线下捆绑最强，获客更多地依赖于线下网点渠道。

获客与金融场景

电子银行对线下网点的冲击也很大，多数业务转移线上后，用户对线下服务的需求越来越少，线下逐渐成为"非移动互联网核心用户"的服务阵地，这其中以中老年群体为主。另外，类似办卡、开卡、面签等线上无法办理的业务也需要线下办理，这类业务以现金类业务为主。

不可否认的是，线下由于具有阵地优势，实物类、面签类线下业务仍然不可替代，再加上线下智能终端设备对业务办理效率的提升，线下仍然能带来持续性的业务增长。因此下页图中所示的传统获客仍然占据很大份额，传统获客是不可或缺的一环。

而从金融业务的范围来看，电子银行几乎已经囊括了所有银行能够提供的线上金融服务。既然金融已经线上化，那么为什么银行还会觉得互联网发展阻碍重重？关于这个问题的答案，人们第一个想到的肯定是流量。流量在哪里？流量在外部的高频场景中。电子银行业务属于低频业务，流量不足，和互联网 App 无法相比，用户都被互联网 App 带跑了。因此很多银行把更多的注意力放在场景上，将场景冠以金融的属性——金融场景。

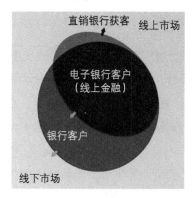

那么问题随之而来，是否把电子银行的业务以 H5 的方式嵌入各个外部场景中，就能够带来用户？显然这是不太可能的，因为让一个用户在外部一个互联网 App 上面开展金融业务，仍然是不现实的。有人说要把网点开到各个 App 里面，但是如果银行网点都没人去了，为何用户要在线上网点办理银行业务呢？

其实并不是场景带来了流量，而是场景把分散在全网中的流量按照属性进行了归集，所以每集合中的流量都带有其需求特性。一个需求想要通过其他场景转化会很难，犹如在医院大厅做旅游生意，就算人再多，也会因为需求不匹配而失败。因此场景成为银行构建壁垒的最好方式。

线上服务追求的是提高效率，这里所说的效率，一方面指的是操作体验上的效率，另一方面指的是需求被满足的效率。纵观互联网发展历程，无论是门户的信息聚合、搜索网站的检索能力，还是社交的花样或是存储服务的云化，都是为了提升人们信息获取以及享受服务的效率。

互联网之所以在某些方面所向披靡，主要还是因为它扮演了行业竞争中的第三方角色，它所做的事情提升了服务维度。

用户总是懒的，尤其在信息爆炸、服务趋同的时代，懒惰让人们更愿意接受平台化的服务。同时平台化也将用户选择服务的权利放大，用户对"选择权利"的在乎程度，在平台化中甚至大过"业务本身"。很多时候我们看到互联网平台提供的服务甚至不是某一项业务，而是"用户的权利感观"。所以互联网做的事情大多数不是为了满足业务需求，而是赋予用户权利。

而反观银行的服务，仍然聚焦于某一项业务。这在服务同质化竞争不严重的时候，不会显现出很大的影响，而一旦市场饱和，市场格局趋于稳定，单靠业务本身带来的获客能力就会下降。因此在业务本身难以形成优势的情况下，就会有各种各样的机构放大利益的效果，也就是自己拿钱补贴业务，甚至不惜亏本，目的只是把客拉过来。但是这样的操作肯定不能持久，甚至都无法覆盖培育用户使用习惯所需的时间，最终用户的使用习惯没有养成，反倒培养了根深蒂固的"薅羊毛"习惯。

说回电子银行业务。电子银行业务的获客，在现在这个阶段需要新的服务逻辑，就是如何将那些几乎已经被竞争对手锁定了的用户重新拉回电子银行的服务当中。

场景战略能通过场景获得更多流量，但是将流量转化为银行用户又会面临很多困难，单靠银行支付或者 II 类账户很难改善这种低转化的情况。因为之前说过，不同场景下用户集合的属性不同，彼此之间很难转化。在成功的互联网场景中，用户诉求普遍是简单粗暴的，毕竟用户的时间永远宝贵，而拐几道弯才能抵达的"金融场景"很难满足用户的诉求，强行实现的金融场景自然是难成功的。

或许金融场景策略不该是急于找到将金融服务塞入其中的场景，而是为现有金融赋予新的场景体验。

电子银行业务与平台化服务

说完场景流量，我们再说业务本身。

电子银行业务更大的机会在于服务存量客户和线上新增客户，这里我们重点说说后一种。作为银行，只有用更平台化的格局将自身服务降维，将本行电子银行服务作为众多网络金融服务之一，将本行（或产品部门）看作众多提供服务的主体之一，接入更多的服务主体，纳入更多的直接客户来源，分级设置服务门槛，尽可能降低初级门槛，通过互联网运营来改善自身对流量用户的管理方式，通过非定向的公共媒体渠道重新改善与用户的关系，才能让网络金融的能力从"电子银行"中慢慢释放出来。

而往往我们总是考虑让客户马上开立 I / II / III 类账户并在账户中存钱，之后考虑如何让用户成为"电子银行"的客户以求开启"业务对话"。这种策略在电子银行互联网获客方面一定是无效的。

都说银行存款压力大，然而毕竟人们很难再为了某些业务而转移资产。很多时候客户愿意付出资产转移的时间成本，是因为要获得更好的操作体验，或者银行给了客户更好的品牌认同、更高效的决策过程。因此，要想解决吸纳存款获客的问题，就要先解决客户在时间成本上的诉求。

无论是针对电子银行内存量客户的转化提升、沉睡用户的激活，还是针对直销银行内新客户的服务构建和价值挖掘，都要依靠更深层的互联网运营去撬动，这也是未来一段时间网络金融真正应该重点投入资源的领域。目的是提升金融服务的体验感，赋予金融业务更多的场景感。

要想实现上述目的，就必然要启动平台化服务策略。而面向新市场的平台化服务，一方面是市场业务的平台化，另一方面是直接服务客户群体的平台化。平台化服务或许才是网络金融独立发展的增量空间，也是"直销银行"应该服务的业务领域。平台化服务注定是与电子银行不同的发展策略，无论目标客户、品牌定位、业务模式还是服务逻辑皆不相同。

平台化服务注定会与银行原有业务相冲突，所以要严格区分存量市场和增量市场。对于增量市场，应采购独立的公共渠道资源，采用不同的品牌策略、服务模式，构建不同的平台体系，甚至是构建不同的交互体验和界面视图。这样不仅可以拓展新的用户群体，还可以隔离可能出现的风险（此处更多是指运营导致的业务流失风险，并非金融业务风险）。

存量市场和增量市场重叠处就是平台化服务与银行原有业务存在竞争的地方，但这种竞争并不是值得焦虑的事情，因为重叠处竞争有限，且适度的内部竞争，会让用户流量沉淀在网络金融的大盘子中。无论内部如何，都要好过面对外来的失控掠夺。

本节所说的电子银行业务，是以传统电子银行和直销银行为核心，业务目标是通过金融服务在线上独立获客，但并不代表以手机银行为核心的传统电子银行业务可以被忽视，它仍然是未来很长时间内都需要重点关注的客户服务领域。

对直销银行领域的拓展，固然具备快速拓展新客户的空间，但采用互联网玩法的直销，除了需要打磨运营以外，还需要提升多维度的管理能力。对过去降维，才能让未来升维，让电子银行降维，才能让网络金融升维，只有主动管理维度，才有可能避免被恶意降维。至于难度，毕竟没有降不了的维，只有不敢降的维。

第 3 节　支付业务

支付业务是银行业务中非常重要的组成部分，虽然很多支付业务并不属于新型业务的范畴，但是类似电商支付、ETC 支付等都是典型的新型业务。下面我们就先从电商支付说起。

银行电商支付领域的突围

这里所说的电商支付包含了网上商城支付、线上支付等一众与消费相关的银行业务。从大的业务板块上来说，这部分服务虽然与电子银行有重叠部分，但是使用场景不同，所以多数有独立运营能力或者有能力邀请第三方帮助运营的银行都将其作为独立板块来运营，如下图所示。

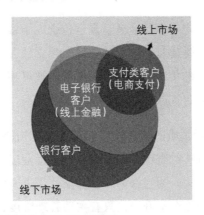

1. 在线商城服务和信用卡服务

电商支付业务领域的服务平台主要表现为两类——在线商城服务（如工行的融e购、建行的善融商城）和信用卡服务（如招行的掌上生活、交行的买单吧、浦发的浦大喜奔等）。很多人可能都会问：这两类业务有什么区别？谁优谁劣？

其实这两种电商支付业务在本质上没什么不同，只是切入的服务场景和采用的运营策略不同，一个是直接面向线上消费诉求，一个是基于信用卡面向持卡客户服务诉求，所以无法比较。就目前形势来看，二者也并无太大冲突。

以信用卡服务为核心的服务，基于高频特性以及持卡人的天然忠诚度黏性，很快找到了服务定位。反观银行线上商城服务，其在独立平台化发展过程中遭遇了各种挫折。从 2012 年左右银行电商如雨后春笋般蓬勃发展之后，银行线上商城战略一路收缩，多数银行将线上商城服务合并至手机银行或信用卡服务，只有为数不多的银行还在努力支撑电商服务，常年采用补贴刺激活跃。若是对银行线上商城进行独立核算，那么银行就会发现，对是盈利还是亏损、每年投入多少、带来了多少衍生业务价值等很多基本问题都没有明确答案。

要想回答上述那些问题，就需要回到起点，搞明白银行为什么要做电商。这个问题决定了我们要怎么做一个银行系的在线商城服务。这个问题牵引出来的是银行在线商城的定位，包括产品定位和客群定位。只有定位明确了，才能制定出一份实实在在的市场运营策略。

2. 电商平台运营策略

从银行电商系发展的诉求来看，笔者认为可以按照以下几个维度制定运营策略。

（1）目标客户维度：

❑ **外部用户**：基于线上消费的刚性需求，整体提升用户流量，进而向全行业务转化。

❑ **内部客户**：为银行现有客户服务，提升客户用卡活跃度，提高客户黏性。

（2）零售业务诉求维度：

❑ **支付交易**：提高银行支付产品的交易规模，提高支付手续费的收入。

❑ **消费金融**：刺激消费信贷业务发展，提高消费金融收入。

（3）对公业务诉求维度：

❑ **以商户服务为核心**：基于原有信用卡积累的商户资源，整合线上及线下支付资源并提供支付服务，以服务存量商户为核心。

❑ **以商品服务为核心**：拓展核心品牌商品的电商服务能力，强调商品本身的服务，以拓展品牌主服务为核心。

（4）平台形式维度：

❑ **自建平台**：通过自建 PC 或 App 端服务，沉淀客户流量。

❑ **输出平台**：通过服务输出，提升外部客户的业务使用频次。

上述这四个维度下都有两种不同业态，两两组合可以得到 16 种新业态，每一种新业态对应的市场空间都不小。这时候可能有人会问了，既然有这么大的市场，为什么还会出现上边说的 2012 年的情况？这因为 2012 年的时候，大型综合化平台市场尚存发展空间，垂直电商市场需求还未完全激活，银行当时都是基于原"积分商城"的逻辑发展电商平台，普遍选择构建综合性电商平台。

反观当下，大的综合平台市场基本稳固，商户资源整合策略也较为完整，零售端品牌价值也已经形成，综合化电商平台的发展窗口期基本结束，综合性电商必须采取创新、优化多交互方式或聚焦特定人群等竞争策略，如采用社交电商模式或聚焦于村镇用户在物流方面的需求。因此，对银行来说，如果战略仍然未变，还死守在综合性电商平台的赛道上，只会距离原先设定的目标越来越远，或出现力不从心的情况。

银行的电商主赛道，或许应以流量为核心目标，通过爆品运营刺激流量增长，带动用户流量储备；或以金融服务为核心，通过消费金融服务切入垂直用户群体，精耕细作，挖掘金融服务价值。

电商流量运营，需要把握目标客群在某个垂直消费领域的深度需求，通过垂直电商、特色电商，可以将零散的用户流量黏聚在一起，这种黏性将随着电商服务的垂直专业化的加深而增强。参与市场竞争的主要是垂直消费领域的运营深度和商户服务的整合深度。

金融服务运营，需要把握目标客群在不同消费水平领域的消费金融需求，通过具备一定消费门槛的日常刚性消费需求（线上如在 3C 产品、奢侈品、旅游等方面的需求，线上线下一体如在医疗、教育、房产、汽车等方面的需求）拉动金融服务的转化，参与市场竞争的主要是金融服务的综合成本。

所以银行在处理电商业务的发展策略时，与其琢磨应该卖什么、做什么样的补贴活动，不如针对自己的电商平台确定好如下几个问题：为谁服务，要获得什么样的客户，针对行内客户需要提供哪些服务，针对行外客户群体需要提供哪些服务。

针对行内客户的服务，无论是积分兑换还是消费分期，目标都是非常明确的——刺激用户活跃，唤醒沉睡客户。这种服务既可以通过自建 App 平台来提供，又可以通过手机银行来提供，具体要视银行的情况而定。

如果银行开展电商业务的目的是实现网络获客，那么打造独立平台，独立品牌是更好的发展策略。至于是以流量运营为核心做爆品营销，还是以提升流量质量为核心做垂直电商，或是以金融服务为核心做消费金融，应结合不同银行对于业务发展的诉求来决定。

3. 电商输出

电商这项服务，输出的核心内容主要是两个方面：

- ❑ 支付及财务账务管理。
- ❑ 售后及进销库存管理。

核心都是为了帮助输出合作方提高管理效率，降低管理成本。

支付及财务账务管理方面，各类电商平台经历了多年的发展，实质上已经有了各种各样可以平稳运行的解决方案，差别只是交易规模和财务账务管理的难度不同，而多数互联网平台要么总交易规模不大，要么采购了各类财务 SAAS 软件，因此财务账务需求的管理大体可以满足。

而对于互联网平台来说，更难的是庞杂的进销库存等供应链方面的管理和售后服务，因为电商大大提高了交易的效率，这就导致电商的库存管理模式与传统线下管理模式有很大的差别，而交易规模的不同同样会影响管理难度，即便是银行系电商，这部分也是薄弱的，毕竟在商品流通领域银行并不擅长。

关于供应链管理能力的输出，大家可以想一下，京东发展了多少年才在 2016 年推出了开普勒平台？阿里巴巴开放平台和淘宝开放平台也是如此。这些大的电商平台看似仅是一个商城系统的输出，实则是一整套供应链体系的开放共享，既包含线上的，也包含线下的。这背后输出模式成型的前提条件是有一套经得住时间考验的优质服务体系。

就算是百度这种不怎么具备电商基因的平台，也推出了符合自身特色的电商平台，不同的是，百度把自己电商平台的运营重点聚焦于流量的导向扶持，目的是在其搜索内容上挖掘价值，构建自身的生态体系。

所以银行电商的正确输出方式就应该是金融服务的输出。从现阶段来看，金融服务输出的具体形式有如下几种：

❑ 基于资金增值相关服务提供金融商品。
❑ 基于融资相关服务提供消费信贷支持。
❑ 基于支付相关服务提供更好的支付通路。

但是上述这些都很难满足互联网电商平台自身的核心诉求，也并不是笔者想说的银行电商本身的能力价值。

回到银行支付的输出上。银行支付产品的平台化属性之所以不强，是因为银行自身角色导致的，而支付市场格局和用户使用习惯早已趋于稳固。银行的支付战略一般聚焦在如下方向：

❑ 渗透到互联网平台中，成为一个三四梯队的支付选择，在支付限额方面也许会有些许优势，然后挖掘到一点点剩余流量。

❑ 通过银联的产品获得联盟合作机会。

❑ 放弃通路的考量，争取在发卡端（源头）获得一定的战略优势。

❑ 努力发展自己的支付场景，并借助自身场景为银行支付产品杀出一条血路，如将银行电商仅定位于电商，猛攻GMV（Gross Merchandise Volume，直译为商品总销量，一般指电商总成交金额）。

对于上面几种支付输出方式，笔者认为后三种更具实践性，成功的可能性也更高。

4. 银行系电商发展方向

综上所述，银行系电商可考虑从以下几个方面突破。

（1）**以流量获取为首要目标**。流量获取的策略需要根据用户及市场需求快速做出调整，可以将工作重点定位为：

❑ 全面提升商品及商家质量。

❑ 集中化运营中高端优质商品。

❑ 采取OUTLETS模式，专注于保真底价交易。

❑ 聚焦于积分策略，银行外的积分市场同样具备整合价值。

上述各个策略方向的发展空间均不可小觑，但值得注意的是，不同的市场策略要精细化定位于不同的目标客户，场景化、垂直化整合正在逐步取代门户型的整合模式。

在综合电商建设不占优势的情况下，银行可以探索垂直电商的运营：或将原有单一综合 App 按商品服务板块拆解为多个小型应用；或对一些板块做出适当取舍，释放效能低下的运营资源，降低银行电商的运营难度，重点发展垂直电商子品牌，将流量分散运营，提升流量运营效率。

（2）**以金融转化作为特色电商基础**。消费金融仍然是银行电商的主要突破口，可以自建电商消费金融服务，在自建电商体系内完成服务，或通过构建第三方平台整合行业内的线上消费金融服务，主打电商消费金融平台品牌。

如果以消费金融为电商发展目标，则没有必要纠结于电商的商品交易环节是自研自建，还是直接引入成熟的电商管理体系，而是应该把精力放到做好商品清单管理及流量运营上。

（3）**商户服务练好零售内功再自成体系**。商户服务归根结底是一项 B 端服务，可以作为银行电商发展目标的一个分支，实施的基础是流量与客户交易的赋能。因此银行在自有客户体量或综合流量足够大、活跃黏性足够高、运营能力较强的情况下，商户服务可以作为电商服务的衍生价值，实现向 B 端市场的拓展。但在流量还未做强的情况下，商户服务的效率会大打折扣，甚至对品牌价值造成冲击。

关于电商支付领域，可以衍生的业务服务方向还有很多，我们不再一一介绍。电商本身是一种消费方式，电子支付是一种支付方式，无论是银行还是互联网企业，与买和卖相比，更应该关注的是电商本身的定位、用户的数量、用户活跃度、GMV、金融。对于银行来说，需要关注的目标很多，若是仅寄希望于一个万能电商平台，那么要达成所有目标几乎是不可能的，最终往往会出现交易错位、定位模糊等问题。

如果在能力上做不到海纳百川，不如尝试做好一个或几个垂直领域，努力抓住一类或几类明确的用户群体，继而在金融服务等特色服务上深耕。毕竟银行的电商之路不是以卖东西挣差价为核心的。

银行在平台收单业务方面的需和求

各个银行在网络金融层面都在尝试突破平台型企业的服务范畴，本节我们就来说说突破服务范畴的一个方向——平台收单。

这两年监管机构对违规"二清"不断加大处罚力度。其实违规"二清"与平台经济密不可分。从电商平台提供担保交易服务开始，平台在结算业务中的角色就变得很微妙了。担保交易的背后免不了提供跨主体资金清分服务。

担保交易听起来确实是一件能够产生价值的事情，解决了买卖双方信息不对称导致的信任危机，但是担保提供者本身需要有更高的信用作为支撑。所以通过第三方支付牌照保证支付业务准入制度，可以总体上使担保业务可监管，进而让担保提供者具备基本的信用。

而从支付业务的角度来说，平台在一买一卖、一收一付之间，赚取了支付或提现的手续费。但是商品不是平台提供的，服务也不是平台提供的，平台只是搭了一个资金交易的台子。这就会引发一系列问题：

❑ 明明不属于平台的钱，最终却落到了平台的口袋，那么这个钱计不计入平台的收入？需不需要缴税？

❑ 本来客户该给商户 100 元，最终商户却只收到 99 元，被平台拿走的那 1 元到底算是什么钱？

❑ 平台既然拿了钱，是否需要为服务和产品质量负责？是否需要为商家端产生的风险负责？比如商家拿到钱就跑了，并未提供产品或者服务，此时怎么办？

❑ 商家端的风险如何控制？

上述这些成为平台经济发展的主要矛盾点。

市场上的平台角色主要分为三个大类：

❑ **以支付企业为主导的平台**。踏踏实实地申请第三方支付牌照，开展合规的担保交易清分业务，赚取支付手续费，这也符合平台作为一个资金代收方的角色定位。支付手续费的减免、支付成功率的提升是这种平台的主要诉求。

❑ **以供应商体系为主导的平台**。踏踏实实地扩充营业范围，也就是直接提供商品买卖，与上游形成采购关系，赚取交易价差，这也符合平台作为一个综合销售机构的角色定位。以此角色为定位的企业更多用手工分账，高级一点的会通过银企直联用软件进行分账。降低分账成本，提高分账效率是这种平台的主要诉求。

❑ **以流量经营为主导的平台**。更多的平台游离在上述两种角色之间，也就是将自己定位为只提供信息服务的"互联网平台"。但是"互联网平台"这个定位，是以流量经营为核心的，也就是说其挣钱的方式既不是赚取手续费，也不是赚取交易差价，而是将流量变现或者赚取广告费。

平台的诉求非常现实，总结起来包括以下几点：

❑ 要实现当期的营业收入。

❑ 要规避可能的风险。

❑ 要包装成资本故事为远期估值做好准备。

很多第三方机构知道，用户对支付平台的要求不同，定制化的需求较高，在支付利润不高的情况下，自建平台就成为投入高收益低的买卖，并不划算。因此第三方机构都想借助银行完成这方面的业务。一些银行顺势纷纷上马，想要分一块蛋糕。尤其是强监管，更是为银行做收单业务提供了很好的"抓手"。但是即使银行涉足这类业务，也会存在一些问题：

❑ 对于大型高价值平台来说，其大多数在早期已经获得了支付牌照，与银行的合作普遍集中在第三方支付手续费的减免上。有些第三方机构甚至本身采用的就是自营采购模式，根本不会涉及违规"二清"问题。

❑ 对于小型低效平台来说，首先因为这些平台规模较小，监管难以覆盖，所以这些平台往往会抱着走一步算一步的想法，他们对于如何解决清分问题根本不关心；其次这些小型平台可能会采用转型买卖交易的模式，在交易过程中该开发票就开发票，顺便还可以做大交易额，这样就不需要解决清分问题了。对于银行与小型平台的合作来说，不会采用"前端技术驱动"的合作模式，合作更多集中在后端的业务运营上，也就是集中在清分系统批量对接上。

以上只是停留在业务合作的层面，下面我们简单说说清分业务的合规性。

银行为平台提供清分服务到底合不合适？银行的解决方案普遍是让资金进入银行自有账户，尽量避免资金进入平台账户，希望以此来解决平台清分问题。这种做法实质上是将清分的职能从平台转嫁到银行，那么银行使用什么账户承接资金就值得进一步讨论了。是比照第三方支付机构的备付金账户采用银行自己的专用账户，还是使用内部账户？这两种似乎都不是合理的方案。但是不管怎么说，监管的核心对象始终是从用户到终端商户的点对点支付，目的是防范非持牌机构对资金的挪用。因此平台在收单服务中的角色定位就显得至关重要，它和资金是否有关联，它和商户的交易关系如何界定，它与用户的服务关系如何界定，这些才是界定平台收单服务是否属于违规"二清"的关键因素。

对于银行提供虚拟账户的做法，由于银行与第三方支付机构的行业性质不同，所以针对第三方支付机构的整套规范、鼓励政策、监管政策都不适用于银行。虽然相关法律法规没有明确禁止银行效仿第三方机构平台，但是在风险意识的影响之下，银行还是应该重点关注虚拟用户可能带来的政策风险。

假如银行采用第三方支付机构的服务模式，那么是否应该比照备付金模式对收入资金做强监管？也就是即使在不产生任何收益的情况下也一并由央行统管？这其实还是相对灰色的领域，还有待进一步探讨和研究。

综上所述，平台型交易商不是必须使用银行提供的收单服务，毕竟通过申请第三方资质、与转型中的第三方机构合作、转变自身交易模式等都可以解决平台发展中的实际诉求。尤其是针对一些从传统企业转型而来的平台，采用交易模式转变的解决方案是更为合理的。

那么，银行为什么要参与平台收单业务？具体来说有如下几个原因：

❑ **沉淀资金**。银行希望担保交易过程中涉及的资金可以沉淀为存款，计入头寸。此时，沉淀资金到底计入什么账户至关重要。这时会面临如下问题：计入的账户是否合规？若是银行的信用高于第三方支付机构的信用，那么是否可以对备付资金有新的管理办法？新的管理办法是否会存在瑕疵？

❑ **数据增长**。虽然第三方手续费已经极少，但是仍然可以在交易额上实现数据增长。平台的核心诉求是支付手续费可以减免，为用户提供的支付体验足够好，因此对于银行来说，这仅是一项简单线上收单业务。在基础本满足平台需求的前提下，产品价格是银行更加看重的因素。

❑ **平台流量**。银行从事的收单业务，本质上来说是一种B2B2C业务，银行希望达到的目的是获取平台下的用户。但是拥有大量客户的大型平台普遍自持牌照，难以合作，即使这些平台和银行合作，主要也是为了规避风险，银行在其中扮演的是备胎的角色。而小型平台的用户较少，而且这类平台数量多，平台间差异大，在强风控的背景下，银行提供长尾服务能力未知。因为流量都留存在平台中，银行对流量的经营权限较小，所以这些流量对银行业务产生贡献的难度很大，这就非常考验银行的流量运营和谈判能力了。

平台收单是一个阶段性的产物，随着交易模式的演变，其中涉及的资金结算业务会随着商业主体信用的变化，逐渐朝更加规范的商业方向演进。

银行参与平台收单服务，早期的核心在于不断通过这项业务对接更多平台，中远期的核心在于固化与平台的合作关系，并针对平台形成筛选、培育、准入、退出机制，然后把自己的其他业务融入与平台的合作中。这就要求银行不断提高业务开放程度，沉淀并转化平台的流量。

关于"虚拟账户"的市场探讨

经常被人提及的虚拟账户主要用于网络时代的账户发展，但是由于其概念的抽象，掺杂了过多的内涵。概念越多，大家对于虚拟账户的理解就越混乱。本节我们就来简要介绍一下虚拟账户。市面上常见的虚拟账户有互联网信息账户、支付账户、银行电子账户、虚拟记账簿等几类。

1. 互联网信息账户

互联网信息账户其实与资金账户并无直接关联，但是从价值的角度来看，互联网信息账户的数字资产价值正在不断提升，而类似"虚拟货币"这样的概念未来是否能够合规地与互联网信息账户挂钩，我们不好判断。但是对于信息本身的价值量化，或者说未来通过信息交换来实现价值交换，进而形成新的交易形式，还是可以期待的。

在互联网信息账户层面，运营商掌握着实名通信信息，似乎有更大的发展空间。虽然目前互联网信息账户只用来记录网络用户信息，但是因为它所占据的服务维度，注定未来能够打通更多的账户类别，是更高维度、入口更为前置的账户服务。

2. 支付账户

虚拟账户在金融服务中的应用其实并不新鲜，不过真正大范围进入公众视野，主要还是因为第三方支付的应用。

第三方支付平台通过线上渠道为用户的支付行为开立一个账户，用于完成担保、个人转账、消费等各类场景支付，但这个账户对于单一用户主体来说并不是一个真实存放资金的独立资金账户。

支付账户依托于第三方支付的备付金账户，账户的区隔完全依靠"互联网信息登记"。账户与账户之间的资金转移，也完全依靠支付机构的记账，实际的资金趴在备付金账户几乎不发生流转。

这样的账户显然是"虚拟的"，资金流与信息流相对分离。

虚拟出来的支付账户，其应用优势很明显：摆脱了资金流的管控限制，用户在交易中的便捷度被大大提升。当然风险也是存在的，比如存在信息安全、备付金的管理、反洗钱等问题，但只要持证经营，总体上还是能够对风险进行把控的。

3. 银行电子账户

银行电子账户目前对市场来说可能已经不再陌生了。很多人也把银行的电子账户称为虚拟账户。

2019 年 3 月，中国人民银行支付结算司发布《关于加强 II、III 类银行结算账户风险防范有关事项的通知》，银联随后下发《关于发布〈银联网络 II、III 类银行账户开户验证业务指引（试行）〉暨开展银行开户验证业务系统改造工作的函》，关于银行 II / III 类电子账户的关注度被再次拔高。

关于银行的 II / III 类账户，很多人非常期待，期待银行能够基于银行账户的应用实现互联网时代的逆袭。

II 类账户具有强校验属性，并不能算是严格意义上的虚拟账户，更接近于开立流程线上化的银行账户，这个账户在各个要素上都几乎与一般的银行账户无差别。

相比较 II 类账户，III 类账户更接近虚拟账户一些，只不过 III 类账户的限额较低，银行账户的独立场景基础薄弱，天然缺少自身的优势或独有使用场景。同时对于银行来说，这种小额长尾的市场，一直就不是银行运营的强项，在长尾运营能力缺失＋小额场景缺失的情况下，银行的Ⅲ类账户（类虚拟账户）之路注定会走得很艰辛。

4. 虚拟记账簿的实体化

关于虚拟记账簿的争论要更多一些，其中一个争论的焦点是：银行到底能不能做一个像"支付账户"一样的体系？

曾经很多机构都在琢磨，既然第三方支付公司能做支付账户体系，银行也有支付结算的能力，为什么不能建一套支付账户体系，比照支付公司的方式去做线上业务？

很多银行核心系统开发公司把这种理念放在账户模块的设计中，就得到了所谓的"内部客户+虚拟记账簿"的方式，以此去"虚拟"账户。这种"虚拟"账户的方法，有些应用在电子账户中，有些应用在平台收单的清分服务中，有些则作为一个独立的信息记账功能。

虚拟记账簿的实体化应用，注定要有一个明确的规则界定，否则就会因为管理缺失而引发社会乱象。

支付公司支付账户遵循《非银行支付机构网络支付业务管理办法》，银行账户遵循《人民币银行结算账户管理办法》，不同的账户，运营主体不同，对账户的管理规范也不相同。银行建设类似支付账户的虚拟账户体系似乎并不具备制度空间。

因此虚拟记账簿的实体化应用，在目前看来还存在很多监管层面的阻力。对于银行这样的服务主体来说，其虚拟化的开立形式，难以满足客户识别的要求。如果完全能够满足识别要求，则不需要开立虚拟的账户了，因为用传统账户或电子账户就能解决所有问题，这在一定程度上是逻辑相悖的。

5. 虚拟记账簿的虚拟化

银行无法形成类似支付账户的"新型非银账户"体系，但是虚拟记账簿并非不具备市场应用的空间，比如各家银行的企业收款产品，通过多级虚拟记账簿的应用，帮助企业生成多个收款用的虚拟子账户，用以在收取交易款的过程中，快速区分收款来源，提升企业自身账务处理效率。这可以理解为一种"智能分账"的服务。

总而言之，无论如何描述虚拟记账簿，它都是一种"过程产品"，而不是一个真正的"账户产品"，不能作为外部企业存放资金的"账户"。虚拟记账簿的应用前提是明确资金的归属，明确某一实体账户，在确定性的资金归属下，通过虚拟记账的方式区分不同的资金构成，其主要应用在一对多的账务处理过程中。

6. 复杂定义的复杂场景

到底什么是虚拟账户？不同的人有不同的说法。

- ❏ 互联网公司认定自己的用户账户，甚至预付卡账户就是虚拟账户。
- ❏ 支付公司认定Ⅰ类、Ⅱ类、Ⅲ类支付账户是虚拟账户。
- ❏ 银行认为自己的Ⅱ类、Ⅲ类电子账户是虚拟账户，是对Ⅰ类账户的补充。
- ❏ 互联网银行认为Ⅱ类账户是主账户。

□ 银行软件外包机构认为虚拟记账簿、电子账户是虚拟账户。

□ 除此以外，还有其他类型的虚拟账户，比如各类交易账户。

虚拟账户的定义看起来并不严格，在不严格的定义之下去讨论应用场景就变成了非常痛苦的事情。毕竟大家都在说虚拟账户，讨论虚拟账户的历史，展望虚拟账户的未来，而本质上其实这都是自说自话，毕竟不同的机构对虚拟账户的诉求不同。

Ⅰ类、Ⅱ类、Ⅲ类支付账户，应用在小额支付的不同环节，聚焦核心场景，成为从低门槛到高门槛筛选用户的关键。

对于银行来说，Ⅰ类、Ⅱ类、Ⅲ类银行电子账户并没有解决支付各环节的问题，而是在金融服务场景中对应着不同的走向，它们变成了同级并列存在的服务产品。

个人虚拟记账簿和企业虚拟记账簿，应用在特定的担保、收款场景，但都离不开对存量客户的依赖，必须要通过存量客户的业务场景来推动其广泛应用。

但是对于客户来说，无论哪类账户都差别不大，如何付款、如何收款才是他们关心的。所以说，什么时候用到这个账户、好不好用才是"虚拟账户"运营的出发点。

而对于银行来说，分散的场景、用户、账户产品与不完善的基础产品功能、滞后的网络运营能力、一刀切的账户获客理论之间，天然存在着业务管理上的矛盾。

虚拟账户在网络时代的应用是一件体系化的事情，而非单一产品单点出击的问题。在以用户及客户为核心的网络运营趋势下，如何从客户服务周期的角度考虑不同虚拟账户产品的应用脉络、场景连接，进而提升新场景的吸储能力及新渠道的获客能力，可能是更值得深入探讨的问题。

与 ETC 相关的市场

2019 年的政府工作报告中明确了对高速公路收费站的发展规划，规划中自然以 ETC 为核心，无感支付的普及发展成为一项政府推动的非常重要的工作。2019 年，ETC 对于各家商业银行来说都是一个必须重视的业务。ETC 突然火热起来，似乎已经超越了一般的商业推动行为。本节就来说一说 ETC。

1. 如何理解 ETC 市场

与 ETC 密切相关的是场景的延伸。自从 ETC 系统实现全国联网开始，全国交通系统的数字化进入了快速发展阶段，自然以车辆为核心的车联网也就成为下一个机动车交通领域的数字化重心。这个数字化的具体实施不仅涉及 ETC，还涉及 OBD，甚至涉及联网中控、行车影像入云等，也包括道路监测、路测无人停车改造等。

其中车辆与金融的关系是非常紧密的，围绕车辆的消费是一个优质、长期、规模庞大的服务领域，这个服务领域涉及的车辆包含小客车、大中型客运、货运车辆，服务周期包括购车、驾车、养车、换车整个链条，而服务对象既包括驾驶员也包括乘车人。

在这个过程中，ETC 的电子标签成为围绕车辆的唯一电子标识，从车辆交付给车主的那一刻起，与车辆驾驶密切相关的长期消费场景就进入了一个增量发展阶段。从另一个层面来看，还不仅涉及驾驶行为本身，甚至可以衍生出家庭、办公等社交关系。

这个以行政推动为主的增量市场具有海量客户基础、极强的员工服务能力、大量线下见证网点等优势。ETC 是推动机动车标签极速发展、快速普及的最好管道，而标签背后的开卡、消费诉求也是银行的利益驱动力。

ETC 背后支付方式的多样化发展趋势是很难阻挡的，无论是银行卡直接支付，还是挂接第三方支付工具，支付的选择权一定会逐渐回归到用户本身，灵活性也会不断提升。所以针对 ETC 标签本身的营销，并不能构成中长期壁垒，只能作为短期零售红利。而相对一个 ETC 终端来说，似乎围绕车辆的场景开发才是一个真正的隐形战场，并且是主战场。

大众已经快速接受了对 ETC 的支付习惯，当前的阻碍只是普及率的问题。未来 ETC 的真正战场更在于应用场景，这是更前端的行为入口，入口能够直接引导用户完成对后端支付工具的选择，通过入口可以挖掘更大的利润和信息数据价值。但是由于第三方支付机构的年度限额，一些诸如客运、货运等流水较大的场景可能会对银行卡支付有更多的利好。

2. ETC 的增量市场在哪

在普及度达到一定量级后，商业银行在 ETC 零售端的推广就基本达到预定目标了，剩下就是常规的新增车辆绑定了，营销触点可能会前置到 4S 店等车辆销售网点。

零售端的 ETC 市场似乎并不能因此被银行机构牢牢攥住，背后支付工具的多样化、自主化，以及嵌套在中间的视图平台可更加丰富，这些都可能成为 ETC 新的发展领域，并可能派生出新的互联网流量平台。

在 B 端，基于场景的拓展或将成为新的增量战场，这会是未来 ETC 金融服务运营的核心区。而这个场景绝不只是高速收费站，还包括城市内使用高频的车辆服务场景。而在这个战场中混战的有金融机构、软件公司、互联网公司。因为属地化运营的特征，这个战场的空间具有大和分散的特点，故到底谁胜谁负还不知道。

类似的派生场景会不断被细分，除了停车场、高速公路以外，还可能包括休息区、自助加油站、自助洗车站、自助车辆餐厅等，甚至还会派生出更多的车辆自助型的商业业态，所有这些都以"不停车"为主要特征。

笔者相信，对于增量市场极度饥渴的资本来说，他们会推动这些新增场景快速遍地开花，这个速度远比我们想象的要快。ETC 是开拓增量市场、改变市场习惯的好契机。

第4节 直销业务

直销是一种销售的形态，就是直接对客销售。直销本质上是对渠道工具的变革，即脱离传统多层级管理的网点渠道，采用电子账户直接发生交易。因此我们要理解直销业务，就必须重点理解电子账户的应用。

银行直销业务的核心载体经历了从"电子账户"（又称"电子银行账户"）到Ⅱ/Ⅲ类账户的转变。自从中国人民银行规范了银行账户类别，在2018年年初提出改进个人银行账户分类管理后，Ⅱ/Ⅲ类账户成为银行互联网直销获客的救命稻草。基于Ⅱ/Ⅲ类账户的直销业务合作不绝于耳，噱头够丰富，但是实质落地的却少之又少。本节就来说说银行电子账户，并对直销业务进行展望。

直销银行的误区和前景

一直以来，笔者认为"直销银行"的定位存在严重的问题。

- ❑ "直销"是从银行经营视角定义的，而非根据市场需求定义的。
- ❑ "销"是交易价值的代表，但线上市场、远程获客、使用价值是更核心的内容。
- ❑ "银行"代表了重线下的业务模式，缺乏线上服务内涵。
- ❑ 银行服务在总分支多级机构里面，对客户来说本质上都是由银行进行直销，不存在代销的概念，因此对客户无法解释直销。

❑ 如果直销是为了取消分支行机构进行销售所带来的成本，
那么就需要完全摆脱分支机构营销渠道，否则就是对现
有经营体系的严重损害。

从以上五点来看，以"直销银行"之名去打零售市场，无论
从内部管理还是外部市场来看，几乎都没有商业逻辑支撑。但是
这个情况从 2017 年到 2019 年几乎没有改变。

无论是代销（传统销售）还是直销（新型销售），构成的要素
都是三点——触点、工具、产品（见下页图）。

❑ 触点既可以是行内触点，也可以是行外触点。

❑ 工具既可以是手机银行，也可以是直销银行，形式上可
以是 App 也可以是 H5，可以是 I 类账户也可以是 II 类
账户。

❑ 产品既可以是存量产品体系，也可以是完全独立的产品
体系。

此外，三个要素之间的关系更为重要。

❑ 从触点到工具的转变，就是渠道端的市场营销，要么靠
人营销，要么靠广告营销。

❑ 从工具到产品的转变，就是渠道内的运营，要么靠人销
售，要么靠系统程序化去运营转化。

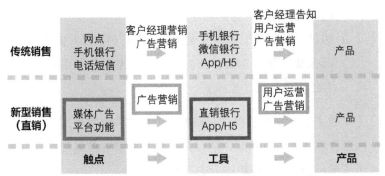

相对传统销售而言，直销在如下几个方面一定是截然不同的。

❑ 触点更加数字化，突出对触点的直接管理能力，触点的对象与存量客群在特征、需求起点方面截然不同。

❑ 从触点到工具的转化，突出广告营销的能力，广告营销的方法和转化的终点截然不同。

❑ 工具更加依托于网络，突出在 App 或 H5 形态上的设计能力，包括品牌体验的设计，工具的形态与用户在流程方面的体验截然不同。

❑ 从工具向金融产品的转化，突出用户运营的能力，突出内容运营的能力，突出以产品为广告营销主体的广告设计的能力，用户特征和运营方法截然不同。

上述四个环节中最核心的是"直销"需要脱离原有的销售链路，这更加考验"直接数字化运营"的经营模式，否则直销就会切存量客户这块蛋糕。因此直销的核心已经不在于"销"，而在于"营"，而且是直接运营，是能够反向向存量关系赋能的运营。

在形态上，直销银行的展现形式未必是 App，可能更多依靠
H5 技术。直销是跨越渠道的批量嵌入，是广告与数字营销的新
应用，App 会回归为极其轻量的安全交易工具。

至于那些走偏了的直销银行，要么逐渐弱化退出舞台，要么
回到与手机银行合并的结局，再或者从零售类市场退出，彻底走
向对公小微普惠服务领域，毕竟在用户至上的时代，"它是什么，
长什么样，有什么用"还是要优先回答的问题。

数字经济时代，银行急需的不应是直销能力，而是数字化的
直接运营能力，触点、工具、产品的服务体系也应该围绕这一目
标去搭建。

Ⅱ类账户存在的问题

电子账户降低了账户的注册门槛，但是它终究还是银行账
户，还在银行账户的统筹管理范围内，因此它势必要比互联网早
已流行的"支付账户"发展晚、体验差。

Ⅱ类账户与Ⅰ类账户分属不同的目标客户群体，所以按照Ⅰ
类账户的发展逻辑来发展Ⅱ类账户是一定行不通的。如果复用Ⅰ
类账户的渠道，Ⅱ类账户的发展除了可以满足业绩指标外，没有
任何其他实质意义，甚至可能因为Ⅱ类账户功能弱于Ⅰ类，而对
全行账户的运营造成冲击。

Ⅱ类账户发展至今至少有以下几个方面的问题：

❑ 在当前账户的应用中，使用最高频的当属小额支付，Ⅱ
类账户归根结底还是银行账户。银行账户支付需要靠银
行自建支付产品，并自行培养用户支付习惯，但重建支
付体系成本巨大。

❑ 小额支付的流量入口已经被几大互联网巨头的支付机构
垄断，Ⅱ类账户的对外支付应用如不自建通路，仍需要借
助第三方机构，所以其缺乏与零售用户直接交互的能力。

❑ 全市场Ⅰ类账户已经具备小额支付能力，且已经形成了
相对成熟的市场规范，新增Ⅱ类账户重新用于支付市场
的需求不大，反而会让原有体验复杂化。

❑ Ⅱ类账户的大小联盟，以及银行间的利益博弈，导致Ⅱ
类账户绑定Ⅰ类账户存在限制，难以真正实现平台化
应用。

❑ 在社会认知层面，用户会觉得Ⅰ/Ⅱ/Ⅲ类账户就像天
书，所以他们不会产生实质性的社会关注。再加上金融
机构并未提炼其核心价值，致使传播策略生硬直接。

Ⅱ类账户当前的主要应用场景

面对Ⅱ类账户的应用场景，很多银行将Ⅱ类账户向钱包的方
向设计，用以支持场景输出战略，但是这种逻辑真的成立吗？

1. 钱包

我们先看看目前所谓的Ⅱ/Ⅲ类银行账户转做钱包输出的场
景。诸多互联网平台的钱包功能实际上都是由"预付卡"转嫁而

来的，目前国内对于单用途预付卡的监管不算很严格，因此多数互联网平台均推出自身业务专用的预付卡。

预付卡的特点大家都清楚——预付资金，开具发票后企业可计入营业收入，以此来帮助企业快速回笼资金。无论是 B 端的预收还是 C 端的预付，由于均是单用途的，故不涉及跨机构支付清算，大体上都是建立在消费者与商户间的信任关系上，因此 C 端拿到实惠，B 端提前销售并获取黏性客源。这是一种平等的商业价值互换。只要企业正常提供服务和发票，管理好单用途卡的转让能力，也不会违反监管规定。

而以银行电子账户为原型钱包，资金归属于个人，不列入企业收入，同时企业也无法以此给予大幅优惠。而对于一个用户来说，为什么要在上面充值？这也是一个难以回答的问题。那么这个构建在互联网平台上的钱包，到底有多少市场价值，就值得商榷了。

为什么很多互联网企业也会寻求该类合作？归根结底还是在寻求自身流量的变现方法，通过捆绑银行需要的电子账户，获得银行宣传资源、品牌公关价值等一系列衍生价值。所以当银行以为互联网企业要的是钱包的时候，对方要的可能是其他价值。

2. 保证金

另一类银行在猛推的场景是"保证金"。

保证金是一种担保属性的资金，一些传统共享平台均要求用户上缴保证金。以前很多互联网企业管理不规范，曾出现过挪用保证金的情况。但是随着市场不断规范化，保证金的挪用成本越来越高，多数企业都不愿意再触碰保证金。为了进一步规范保证金制度，银行提出将保证金放入Ⅱ类个人账户并进行冻结的方案。

其实在互联网领域，有多少行为是企业真的因为共享物品的损坏而扣减用户保证金的呢？这是折损用户流量的行为，多数企业宁愿自掏腰包，也不会轻易扣保证金，因此保证金多数都是一个幌子或者噱头。保证金的用途和监管规范以后，要求用户提交保证金的诉求越来越低，多数企业更愿意让信用机构参与进来，尤其是一些有巨大用户基数的信用数据机构，让"免押金"变成一轮新的公关事件行为。因此，用Ⅱ类账户替代保证金账户的市场空间仍然不够明朗。

Ⅱ类账户在与互联网"钱包"合作过程中，不免出现了"为什么合作""怎么合作""转化如何"这样的问题，因为对互联网企业来说，这样的钱包，市场上早就有体验更优、更通用，甚至用户流量更高的产品，所以银行的"羊毛"才成为大家关注的重点。因为比起企业在"支付工具"上的需求，银行推广"电子账户"的需求以及愿意出让的资源要更大。这也就不难理解，卖方市场是怎么变成买方市场的。

3. 电子服务

一些银行在互联网公司金融平台上开立了电子服务功能，将Ⅱ类账户的金融服务放大到外部。但是，出于监管考量，电子账户外放多数以存款产品为主，衍生的电子账户金融服务之路遥遥；另外，这种平台合作仍然是在对方的主战场，流量的分配权和运营权均在对方手中，同时电子账户业务只占类似平台整体业务中的一小部分，同时收益较少，甚至不敌传统代销业务，发展也自然较为滞后。

4. 存管衍生

其实存管衍生就是零售端资金存管的一种套路，随着监管形势的变化，未来这类模式的空间会越来越小，直至消失。这部分笔者不想过多介绍。

综上不难看出，银行电子账户在互联网平台上转化平平是一种必然，除了一些刚性需求可以让电子账户发挥该有的作用外，很多消费场景中对电子账户的需求并不真的存在。没有银行的补贴推广、利益刺激、价值交换，这种外输钱包的战略注定会呈现收缩的趋势。

笔者其实一直很奇怪，为什么银行都要把电子账户与"金融输出"紧密地捆绑在一起，仿佛在电子账户的应用市场上，唯有输出可行，其余皆输。笔者其实一直想问银行一句：你怎么知道"金融科技"输出就不是新一轮的资本"韭菜局"？最终的受益者到底是银行还是谁？这可能还是个悬而未决的问题。

值得期待的 Ⅱ / Ⅲ 类银行账户应用场景

Ⅱ / Ⅲ 类银行账户的实际使用场景到底在哪？笔者觉得以下几个方面是值得探索的。

❏ **直销银行。**Ⅱ类账户最大的用途仍然是自建金融场景，发挥Ⅱ类账户的线上金融服务优势，而不是硬要寻找大零售市场上的支付优势。这方面不知道从何时起，很多银行都信心不足，也缺乏深层尝试。

❏ **特色账户。**挖掘垂直行业的特色支付和权益需求，在电子账户的"品牌化""特色化""专属化"发展上投入更多资源。在这方面，电子账户实际上是可以"重新定义"很多事情的。

❏ **体验试用。**把Ⅲ类账户转化为"体验型账户"，降低体验门槛，而不是作为一个单独产品，专注于Ⅱ类账户的用户交互创新，包括账户应用、账户管理、信息共享等方面的交互体验创新。

除了以上三点，或许还有很多点可以用电子账户去尝试，但是不管怎么说，电子账户的服务都离不开"账户获客"的魔咒，但是至今仍然没有银行给予用户交互真正的关注。

Ⅱ类账户对于银行来说其实有很大发展空间，但是银行如果还是紧盯着账户本身，或者为了输出而输出，那么Ⅱ类户的结局或许会和如今的Ⅰ类户一样，甚至来得更快、更汹涌。

第5节 企业业务

互联网不仅改变了个人金融业务模式，还改变了企业业务模式，甚至可以说因为场景概念的引入，个人与企业的关系变得越来越融合，更多的个人跨越到普惠与企业赛道，更多的企业开始直接面向消费者提供服务。本节我们将从普惠与交易银行的视角介绍企业业务在网络金融生态下的存在形态。

普惠金融普惠了吗

普惠金融从 2016 年开始逐渐走上了顶层指引的道路。

1. 什么是普惠金融

从通用的解释来看，普惠金融指的是以可负担的成本为有金融服务需求的社会各阶层和群体提供适当、有效的金融服务，小微企业、农民、城镇低收入人群等弱势群体是其重点服务对象。

但是从普惠金融落地的视角来看，很多银行对普惠金融的概念理解很模糊，更多的是将小微、扶贫与普惠金融画上等号。

严格来说，普惠金融的目标是不可能完成的，因为传统金融服务无法满足的人群才是普惠金融的真实目标人群。

显然，普惠的最终目标市场并不单一，自然金融服务的诉求也不相同。看似殊途同归的普惠金融，却有着截然不同的细分市场需求。

2. 普惠金融的困境

近几年，"数字普惠"又被公众媒体推到了前台，于是在小微、三农之后，又新增了两个领域——互联网金融和金融科技。普惠金融覆盖的范围越来越大，但同时业务边界越来越模糊。边界越模糊，精准锁定业务越难。

大家都知道，普惠金融是一个风险很高的业务，风险定价理应相对较高，但是由于目标人群的特殊性，又不得不对定价进行限制，所以就出现了高风险低定价的情况。如果按照完全市场化的模式来运作，普惠金融对银行来说着实缺乏吸引力。

对于当下的普惠金融来说，普遍存在的问题如下：

- 有些机构，服务对象是大基数小微用户，但是定价却着实不低，这算是普惠金融业务吗？似乎并不符合普惠的业务内涵。
- 有些机构标榜完全通过技术手段去控制普惠的风险，但是大家知道，普惠金融业务风险极高，计算机算法能否承担这样的责任？似乎也不太可能。
- 银行能放的贷都放了，这算是真普惠吗？笔者认为不算，因为这样的放贷大多把政策性低利率给了不适合普惠的人群。

因为价格是锁定的，所以普惠金融只有一条出路，就是用新的方式去降低业务本身的风险，推动目标用户还款能力的提升。所以有些普惠金融靠上了交易银行的路数，从供应链角度寻求机会，有些则依靠足额抵押的路子变相成为传统金融模式。

3. 普惠金融的出路在哪里

普惠金融显然不适合采用传统金融的玩法，传统金融中看好的是担保形式，不管是固定资产还是流动资产。担保形式天然能覆盖本息，从而降低业务风险，但实际上银行并不会参与用户还款能力的提升。毕竟传统金融中第一还款来源稳妥是信贷准入的前置条件，所以银行更聚焦第二还款来源——担保的有效性。可是普惠的目标受众不仅第一还款来源不稳定，而且第二还款来源几乎没有。所以普惠金融的最大风险是第一还款来源不稳定和第二还款来源的普遍缺失。第一还款来源需要由配套的系统来提供新的辅助支撑。这种辅助支撑系统，应该能够构建普惠金融真正的防火墙，诸如联合"采购市场"，在三农人群的产品销售出现障碍时，辅助他们获得销售收入；在小微经营出现实质性问题时，可以通过"人力资源市场"使劳动力的价值提升，从而降低风险。

上述这种共同市场的建立，在一定程度上将"普惠服务联合体"的固定成本费用转化成为新的金融业务收入，这也可以作为把控风险的手段。

普惠金融一直喊得火热，但落实难度很大，这是因为针对普惠目标对象的风险控制已经不是通过单一业务审批、定价策略能够自行消化的，也不是依靠单一金融模式可以解决的，它的发展需要联合新的配套市场（不同于传统担保模式）和配套机制。普惠这个大的命题，也绝不仅是一个聚焦于价格、总量的单一业务，还需要联合互联网、生物识别、大数据、区块链等技术。只有具备了配套市场、配套机制、配套技术，才能让普惠成为金融服务的新起点。

若是忽略了普惠金融市场的差异性，则最终会出现普而不惠或者惠而不普的情况，这是从上到下谁都不愿意看到的情况。毕竟普惠的终极目的不是让人开开心心拿到钱，而是让普惠的受众真正通过金融服务实现自身的可持续发展。

但是不管怎么说，国内市场仍然具备发展活力和巨大的发展空间。希望普惠金融能够从一项行政指导意见，通过银行的资源整合、生态构建、市场运作，发展成为一个新金融早期孵化的商业模式。

或许普惠这件事情，真的只有先成就了对方，才能成就银行自己。

交易银行解决了什么

交易银行从现金流与交易行为的角度提供了新的金融服务模式。在可查找的概念中，交易银行可以这样理解：交易银行是指商业银行面向企业客户并针对企业日常生产经营过程中发生的采购销售等交易行为而提供的银行服务，具体包括采购销售过程中的收付款服务和针对贸易过程的融资服务（含针对企业自身的贸易融资和针对企业供应链企业的融资）。交易银行的业务一般指商业银行围绕客户的交易行为所提供的一揽子金融服务，其业务范围主要包括支付结算、现金管理、贸易融资、供应链金融托管等。

其实交易银行的服务细项并不新鲜，所有几乎都是由传统成熟业务构成的，如果硬要说交易银行业务与传统银行业务有什么区别，那就是交易银行是一种基于"交易场景"的金融服务，交易银行想要解决的应该是围绕核心交易链条上各个参与企业经营环节的金融需求。

1. 交易银行与整合

既然交易银行是一种场景金融服务，最大的发展难点就在于各个传统业务针对场景的适配和整合。其次是未来对单链条、多链条的管理，随着未来链条逐渐增多，对链条中交叉关系的管理，对网的管理会比单一链条管理复杂得多。

最近大家都在说整合，整合确实是个挺有难度的事情。不同于从零搭建，存量整合最大的难点在于"维度错位"，虽然很多银行专门成立了交易银行部或者交易银行中心，但与存量业务相关的所有部门都在交易银行服务范围内，且服务维度不一致，统筹整合难度也就随之提高了。比如，在交易银行的服务中，进行企业支付结算时，结算现金管理部门会参与；进行传统供应链、贸易融资资产业务时，公司业务部门会参与；涉及境外业务的，国际业务部门会参与……

交易银行表面上占据了创新前沿，一定程度上代表了银行对公业务的未来方向，其实目前仍摆脱不了传统金融服务的模式束缚。传统结算业务＋供应链融资的组合几乎是交易银行的核心。

而一些通过新技术手段整合服务的银行，大部分仍在努力推动网银、银企直联和 ERP 系统的服务嵌入，通过区块链技术帮助交易链条去伪存真提高辨识效率，推动 B2B 线上支付工具的应用普及（目前仍然没什么好的 2B 互联网支付解决方案，且企业支付工具太多，市场诉求碎片化严重）。除此以外，对于交易银行这个主体来说似乎也很难再去做些什么。

2. 客户营销和链条管理

从客户营销和链条管理的角度来看，围绕交易场景进行的客户营销，在整个交易链条中既有固定参与者，也有变动参与者。未来市场中变动参与者的变动频率和占比恐怕会越来越高，链条的动态变化也会越来越频繁。同时交易市场的特殊性决定了链条可长可短，长可以特别长，短也可以特别短。

要想真的拿下整个链条，让金融服务从上到下贯彻下去，需要有更高的服务维度和更灵活的链条服务能力。如果覆盖不了全链条客户体系，抓链条最终就又变成了抓客户，还是不能有效把握链条的控制权，链条的合作稳定性和收益性也势必会打折扣。

但按照传统方式，对每个链条进行硬抓，难免影响服务效率，又不得不完善线上服务技术和运营能力，以打通与交易相关的系统连接。这似乎又与开放银行、网络金融对场景金融的发展诉求重合了。其实这个问题在逻辑上都可以归因于银行自身从"职能划分"向"客户类别划分"再向"客户场景划分"的转型，这就不可避免地会出现多维度并存的状态。

传统银行体系中普遍存在着"营销对象""功能职能"和"业务产品"处于不同管理维度的情况，而"场景"的管理维度是新增的需求。

很多时候我们总会将交易银行的发展问题和网络金融的问题进行类比，因为它们中间有很多相似的地方。交易银行是以"交易场景"为中心的体系化金融服务，网络金融是一个以"互联网技术"为中心的体系化金融服务，它们的中心点与传统银行中

"个人""企业""结算""银行卡"等都不是一个维度，却又或多或少与这些维度的管理范围相重合，也就自然而然会因为多维管理并存而产生制衡阻力。

交易银行应以提供综合性 2B 场景金融服务为重点，整体沿着核心企业交易行为去挖掘上下游的衍生价值。在十年前，交易链条的价值更多地集中在资产业务中，现在则包装成为场景解决方案进行整合发展，也就是从拿着产品找客户，变成抓住场景配产品。

3. 交易银行的未来在哪里

就外部同业竞争形势而言，每家开办了对公业务的银行，其交易银行业务除了整合水平有所差异外，核心体系和服务模式几乎都没有太大差别。各个交易银行业务加速加入链条服务体系，也给了链条上的企业更多的比价空间，更低的比价成本。

同时，在这个市场空间中，新的跨机构平台方不断加速涌现，并通过资本方式合并重组，来用 Fintech 合作的名义不断降低交易银行的服务维度，打破银行服务中的信息不对称性，从而将链条服务的整体收益由银行转向平台。很多交易银行的服务额度不小，利润却是另外一回事。实际上交易银行的大军突进，已经使得银行开始进入加速降维的通道。

交易银行的未来竞争力或许更多集中在单链条服务覆盖率、多链条服务覆盖率、多链条交叉附加价值、综合链条财务成本、核心企业财务收益等方面。

　　有人说"交易银行未来发展空间在于和金融科技、互联网技术结合"，在笔者看来，这么说有些绝对了。交易银行除了需要快速应用新技术的能力，还需要更换引擎的通盘协作能力、链条的纵深和网状管理能力，以及对更高服务维度的长期追求。

|第6章| CHAPTER 6

开放银行的输出：丰富业务线和收入源

越来越多的银行发现，在银行之外有着自身很难形成的丰富生态，这些生态拥有丰富的服务内容、鲜活的文化和黏性颇高的客户。与其零和竞争，不如拥抱融入，开放银行与输出成为金融业务发展的新赛道。然而什么样的业务应该输出？什么样的场景生态适合输出？输出的目的与方法应该是怎样的？这些问题是开放银行时必须要回答的问题。

第 1 节　输出的初心：银行 2C 的生意与不 2C 的需求

笔者发现，这两年 2C 业务与 C 端需求的偏离越来越严重，很多机构 2C 的事情没少干，但和市场的偏离似乎越来越显著。归根结底，2C 服务之所以难是因为将银行的工作定位到了输出这个方向上。

在参与渠道和业务相关工作的时候，笔者经常会问这样的问题：

❑ 需要线上和线下联动来与客户互动，但真的需要线上线下一体化吗？联动等于一体化吗？

❑ 客户需要强大的银行服务，但真的需要万能的生活服务吗？银行服务未来等于生活服务吗？

❑ 客户需要体验感极强的线下服务，但是真的需要"科幻感"吗？科幻感代表未来服务吗？

❑ 客户需要场景服务，但真的需要在场景中开展银行服务吗？

其实这样的"简单"问题还有很多，这些问题很大程度上影响着我们对市场、对客户需求的判断。很多时候我们认为客户需要，但实际上客户并不真的需要。或者我们认为客户极其需要，但实际上客户觉得可有可无。

关于 2C 的生意

银行 2C 服务发展至今，笔者认为可以按照两个维度进行划分：一个是渠道维度，一个是客户属性维度。

按照渠道维度，服务可以分为如下几种：

❑ **基于线下网点的服务**：银行内场景，以基于营业型网点提供的服务为主。

❑ **基于线上工具的服务**：银行内场景，以基于手机银行这类工具 App 提供的服务为主。

❑ **基于线下场景的服务**：银行外场景，以基于线下非金融经营型机构提供的服务为主。

❑ **基于线上平台的服务**：银行外场景，以基于经营流量的移动互联网平台提供的服务为主。

按照客户属性维度，服务可以分为如下几种：

❑ **针对强活跃客户提供的服务**：强活跃客户指极其忠诚的高黏性客户，以头部客户和信用卡贷款客户为主。

❑ **针对弱活跃客户提供的服务**：弱活跃客户指忠诚度尚可的客户，针对这类客户提供的主要是金融服务，其中以代发工资为主。

□ **针对准活跃客户提供的服务**：准活跃客户指忠诚度几乎丧失的客户，这类用户之前接受过银行提供的金融服务，但是目前已经迁移到其他银行或金融组织。

□ **针对非存量客户提供的服务**：非存量客户指未建立忠诚度的客户，这类客户未在银行开展过金融服务。

两个维度的服务两两组合，就会得到 16 种不同的服务，这 16 种服务其实是对银行服务的细分。之前我们说过，现在的市场是个高度细分化发展的市场，既然要做 2C 的生意，至少应该了解 16 种 2C 服务的经营情况。16 种服务对应的是不同的需求起点、不同的市场策略，看似相似其实大不相同。很多人认为这是业务运营策略的问题，应该靠分支机构和平台运营去解决，实际上这是市场策略的问题，是总部应该考虑清楚的问题。

很多银行经常提到"千人千面"，笔者想在实现千人千面之前，应该先做精上述这 16 种服务，那样可能会对业务发展有更明显、更直接的帮助。毕竟在不了解客户诉求的情况下，千人千面又有什么意义呢？千人千面并不代表业务需求的激活。

关于不 2C 的需求

从"场景营销"这件事情开始，B2B2C 的作用在不断放大，这种趋势实际上就是零售业务的批发化。而零售业务批发化的根源，是客户直营和渠道管理能力的衰弱。或者说得更严重一些，是指你已经越来越难以理解客户，难以与其产生直接对话了。

在这些能力弱化的背景下，大家最直观的感受就是越来越多的 2C 生意都受到那些不 2C 需求的影响，其中最严重的影响莫过于极大地干扰了对 2C 需求的理解，例如：

- ❑ 对内、对上的管理汇报需求，将朴素的 2C 需求升华得过于繁复。
- ❑ 对政府公共服务、公共管理的需求，与 2C 经营客户需求相混淆。
- ❑ 对场景运营企业的发展需求，弱化了 2C 客户的需求。
- ❑ 对场景的依赖，将 B 端理想需求替换为 2C 客户需求，将场景需求与客户金融需求画了等号。

这些问题的出现，是由于没有对大量不 2C 需求进行区分和分级管理，对 2C 与不 2C 领域的资源投入缺少全盘考量。同时业务开展中的授权机制不清晰，导致越来越多的 2C 需求难以在 C 端直接被发现，而通过"第三方加工 + 自我猜想 + 追风仿制 + 二次或多次加工"操作形成的"伪需求"被作为 2C 需求对待。

因此，对于现在很多银行，作为一名普通的金融消费者有如下期许：

- ❑ 比起大量吃喝玩乐的内容，消费者更希望银行提供完善的金融教育服务，从而明白如何通过妥善利用金融来对其生活和梦想进行支持。
- ❑ 比起高大上、高科技的网点机构，消费者更希望银行在温暖的生活场景中提供近距离的服务，而不是仅仅通过电视间接感受。

□ 比起充满运营色彩的复杂且庞大的手机银行，消费者更希望能够快速办完业务，并自动提醒他下一阶段的注意事项，让他可以少操点心。

□ 比起业务人员拼命给消费者发通知、打电话推介相关服务，消费者更想了解家庭金融安排上应该注意哪些事项，让服务更能满足特定阶段的需求。

□ 比起理财产品推介，消费者更希望得到收入筹划服务。

每种渠道都有它的基因和特性，每类消费者也都有其独特的阶段诉求，而不同的消费者在不同的渠道中又呈现出不同的需求和期待。金融服务曾经附着于金融产品交易，而未来金融产品交易将附着于泛金融服务。

比起设计产品，设计服务要更深入地了解客户生活需求的本质，在 C 端赋权的时代，这样的特征只会越来越鲜明。

虽然那些不 2C 的需求也很重要，它们能够串联在一起形成服务 C 端的生态圈，但这并不代表应该本末倒置，忽视真实朴素的 2C 需求，影响对需求的直接理解。毕竟教育市场更多是针对品牌和流程习惯的教育，而不是对根本需求进行变革。

第 2 节 输出的方法

业务输出，本质上是对服务内容的输出，目前市场上有很多关于输出的方法，例如以信贷为核心的输出、以支付为核心的输出、以直销与账户能力为核心的输出、以非金融服务为核心的客户能力输出，本节我们将选取一些有代表性的输出方法进行说明。

从助贷业务到金融输出

2019 年 1 月，浙江银保监局下发了《关于加强互联网助贷和联合贷款风险防控监管提示的函》，对当地城商行开展"互联网助贷、联合贷款"业务提出了要求。

整体来看，这份监管提示函是对 2017 年年底关于现金贷业务整顿通知的延续，以及对于 2020 年可能发出的互联网联合贷款监管政策的先期吹风。

助贷业务普遍借助互联网平台开展业务合作，涉及平台中的客户运营权属的问题，这也是当前金融输出的一个重点方向，算是网络金融业务的一个分支。本小节就来讨论助贷业务的虚和实。

对于联合贷款和助贷，有一种说法是，它们是从大数据开始的，因为银行掌握不了诸多行外信息，无法对借款人进行有效的风险识别，而小额贷款又是量大、额度小的业务，银行急需高效的信息化手段来帮其处理风险识别问题，所以借助行外的机构，联合开展贷款投放成为一种必然。

而归根结底，需要这些行外机构的核心原因还是银行针对长尾客户的交互能力和业务服务能力不足，无法有效触达这些客户并为其提供高效精准的服务。无论是持牌的小贷机构还是非持牌的互联网平台，能开展联合贷款的前提，都是手里握着大量可以有效触达的客户资源。多数客户资源都呈现出线上化、移动化、高频次的特点。所以客户的运营权，在助贷这个领域，就从银行转移到了联合贷款机构身上。

无论是信息服务，还是客户的运营能力，终归是有价值的。价值变现就是这些机构参与联合贷款的核心商业模式，但一次性收入满足不了机构的业务胃口，而且也存在客户被分流引走的风险，所以这些机构一方面死死握住客户服务入口，另一方面尽量将收入融入贷款成本中，以期做成平台，降低银行的维度，形成长期的金融服务收益。当然在这个过程中，银行的资金成本也在不断压缩。

这种模式导致持证金融机构丧失了实际客户运营权，业务也就难以通过监管来提升经营的合规合法性，从而出现各种乱象，例如将贷款违规发放给不具备还款能力的学生群体、违规违法对利息进行定价，以及电话恶意营销、暴力违法催收等。

此外，由于实际的风险经营权已经不在持证金融机构手中，金融机构只能提供较低的资金成本，而联合机构会配置较高的二次定价，但中间再定价所对应的业务风险无人管理。

除了上述问题，在联合贷款中，由于借助了联合机构的力量，客户服务范围被扩大，从区域服务变成了全国服务，一些城市商业银行因参与了联合贷款，也就偏离了"服务地方经济、服务中小企业和服务城市居民"的业务定位。而对于区域金融机构来说，没有配套跨区域业务风险的控制机制，风险也就在无形中被放大了。

联合贷款涉及的另一大机构——民营银行，也具备差异化的业务定位，并受相关部门监管。它们有的服务于区域经济，有的服务于互联网小微企业，业务定位的不同导致了它们在联合贷款业务中的作用和监管逻辑不同。

所以浙江银保监局对金融核心业务回归持证机构管理、资金属地化管理的要求，以及对互联网银行的差异化要求都是合理的。这份监管提示函的核心仍然是要求风险经营的主体（持证经营纳入监管）要与业务风险实际经营（KYC、业务审批管理）以及业务定位（区域、特定对象）相匹配。

从业务走向上来看，联合贷款仍然是信贷模式创新的一个方向，但主导联合贷款的机构，只能是获得小额贷款牌照的持证金融机构。无牌互联网机构仅能作为用户引流主体，辅助优化业务申请流程，而不能参与实际小贷金融业务办理，资金提供方须完整落实客户准入、授信审批、贷款发放、贷款管理等工作。

至于互联网机构获得的相关收益，未来也只能属于广告、信息服务等服务性收入。针对这方面的费用处理，未来也会出台相应准则。同时对于向客户提供金融服务的流量入口平台，未来也要有更明确的客户提示，模糊服务主体、打擦边球的空间会越来越小。

传统持证金融机构的客户服务能力为何会在这一波助贷业务发展中被削弱？联合贷款机构与银行等金融机构在客户服务方面之所以存在差异，主导权之所以变化，是因为非持证机构的监管不对等，还是因为银行本身在客户运营能力、市场获取能力创新中乏力？相比非持证机构的合规性问题，这些恐怕是我们更需要认真审视的问题。

前面说了很多关于金融输出的内容，那么银行到底输出了什么？到底应该输出什么？是输出银行的科技能力，还是输出了银行的风险经营能力（牌照能力）？通过输出，银行所获得的到底是一笔金融业务，还是一批可以长期经营的客户？这些问题恐怕是金融输出中必须要解答的。谨防在科技输出和金融输出间画上等号。

至于助贷业务的规范化，本身就是一个精细化管理的过程，金融机构应担负起风险经营的职责，实现与业务监管相匹配的业务创新，而不是因为获客困难就转嫁风险，或者用超范围创新去突破自身的实际经营能力的限制。这可能既是对金融消费者负责，也是对金融机构本身负责，对整个市场稳定负责的管理方法。

以开放银行为主动的输出

近几年，要求银行开放的声音越来越大，*Bank 3.0* 的作者 Brett King 曾预言：未来的银行将不再是一个地方，而是一种行为。

开放银行是从 2014 年开始逐渐转热的，而关于开放的故事，则是从互联网的开放化开始的，与 Bank 3.0 对应的是 Web 3.0。

Web 3.0 的概念是在 2007 年开始出现的，它的一个主要特征就是开放化、生态化，即互联网平台通过第三方参与共同提供多样的应用服务来满足用户的碎片化需求。

开放的根本原因是单一互联网平台在满足用户的多样需求时遇到瓶颈，于是陆续将平台开放，通过第三方服务商在银行平台上进行开发，来满足用户需求，提高平台自身的用户黏性。

这种开放带来了两个方面的好处：对平台来说，不再疲于应对用户不断变化及深入的垂直需求，可将资源更多地投入服务体验创新和平台运营中；对参与平台的第三方来说，获得面向大量用户的机会，有效降低了推广和运营的成本，可以将资源更多地投入自身的垂直服务创新中。

Web 3.0 使垂直服务得到了快速发展，用户需求也朝向碎片化、垂直化加速发展。总之，"开放"始于平台构建者和参与者双方迫切的商业诉求。

1. 关于 Bank 3.0 与开放银行的困惑

其实银行的发展和互联网的发展真的很像，都是从大而全但不精的平台，向精细化垂直服务平台转型。Bank 3.0 的目标是改变银行与顾客的交互方式，由物理定义向服务定义转变。

其实 Bank 3.0 这个话题很高级，也可以讲出很漂亮的故事，但是有几个问题一直让人困惑，不知道大家有没有想清楚。

❑ 银行由物理定义向服务定义转型，那么对用户来说，银行服务到底是什么服务？银行的行为到底是什么？是一个浏览、点击，还是一次交易？这些所谓的银行行为中，哪些可以全流程脱离物理网点限制？

- 开放银行开放的是什么？满足了参与者什么样的需求？为参与者创造了什么样的价值？

- 银行如果开放的是金融产品和金融服务，那么在同质化严重的银行业，开放出来的内容的特性是什么？优势在哪里？

- 如果银行的困局是用户与银行间的交互黏性降低，用户的金融行为发生了变化，那么将银行开放出去，是否就能提升用户与银行的交互黏性？如果不能满足零售诉求，那开放银行的目的是否意味着银行放弃零售，全面转向2B基础设施建设？

- 有人认为银行这种古老的机构将会消失，而开放银行会救赎银行。那么这个"消失"究竟指的是银行零售业务消失，没有竞争力的银行消失，还是整个银行业消失？

2. 开放银行的未来

市场上企业对外开放的普遍是自己的优势资源，如技术资源、数据资源、客户资源、渠道资源等。但是并非所有互联网企业都是开放平台，这与平台的大小、发展的阶段有关。

中小平台开放自身，显然难度大，必要性不足。所以对银行来说，是否开放，如何开放，开放什么，同样与银行的体量大小、经营模式密不可分。但是目前我们看到的"开放银行"，普遍采用同一模式、同一标准，这显然是不合理的。

开放银行的开放分为输入开放和输出开放两种。

输入开放，开放的是自己的客户（渠道）体系。银行因为自己运营乏力，所以其拥有的庞大客户资源只能通过第三方参与者来激活，以期共同建设银行的服务生态。这种开放方法更适合大型银行。输入开放，需要银行自建完善的配套运营体系，以对第三方服务进行精细化管理。

输入开放的挑战在于，如果对参与者来说无法获得实实在在的客户共享收益，无法形成商业模式，参与者退出和生态循环停滞将随时可能发生。因此这种开放的核心是对生态参与者的引入退出的管理、对用户使用黏性（含使用时间、流量、频率）的提升和对流量分配的管理。

银行输入开放的架构如下图所示。

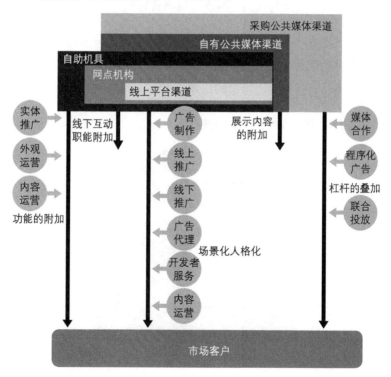

　　输出开放，实际上是产品服务在外部渠道的延伸，说是开放，其实也不算真正的开放，更多是银行进入别人的开放体系，借用别人的资源来使自己获得交易。输出开放适合作为中小银行当前的开放策略，或作为一些大型银行的差异化获客策略。在这种策略中，银行需要构建更加开放的用户服务体系，以及与输出相适应的配套资源供给机制。

　　输出开放更像是将线下门店转化为线上门店，场景合作实际上就是租赁他人场景中的资源位置。这种输出更看重输出对象的流量（服务市场规模）、运营权及产权（租赁权益），最终考核的是输出渠道的收益与风险（网点考核与管理）。

　　而至于非产品层面的银行能力输出，则要充分考虑输出对象的业务目的是否涉及金融牌照的转授，是否为非持牌机构提供了违规支持，对监管风险考量的比重更大。

　　银行输出开放的架构如下图所示。

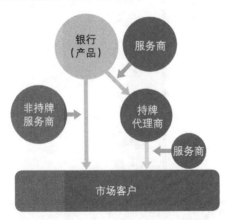

　　说了这么多，其实我们无非是想看清楚银行开放的未来路

径，好让很多事情有更明确的发展方向。虽然至今仍然没有什么权威性且经得住推敲的解读，但我们不妨畅想一下开放的空间。

- ❑ 对外开放不如先行对内开放，培育内部孵化文化。既然是要将金融开放出去，不如自己先通过所谓的 API 平台做做创新，面向自己的企业内员工做做场景和服务。

- ❑ 强行做输出开放，不如先做输入开放。无论是哪个开放方向，用户运营都是核心。若只重视业务运营而忽略用户运营，则必然导致维系不好存量客户，增量客户即使来了也难以维系。

- ❑ 要实现银行的开放必须满足一些客观条件。牌照转授型的输出必须仔细拿捏尺度，否则会输出了能力，却输入了风险；一些企业热情迎接银行的输出，其实只是为了拿到信用背书，甚至是为了获得银行的开发资源以求降低自身投入。开放的原则永远是遵循市场规律——你情我愿、你好我好的双赢结果远比开放更重要。

- ❑ 理性看待开放，用心看待零售。向内开放的目标是提升零售用户黏性、强化市场认知、改善零售获客能力；向外开放的目标是将零售向企业服务转化，满足交易额的批量需求。银行开放业务本质上不属于零售业务，然而如果基于互联网的开放服务弱化了银行的零售业务，那么银行或许将面临市场运营全面失控的局面。

- ❑ 开放话题越热，行动越得谨慎。有些看似是有利无害的东西，却可能暗含着想不到的危机。

最后说个题外话：银行无论如何定义，终究是交互低频的行业，开放并不能提升交互频次。

关于赋能的探讨

开放赋能是这个时代的主旋律，开放赋能其实类似"帮扶计划"。

当金融机构纷纷针对网络金融、金融科技探索开放赋能的时候，大家却发现，这些机构关于开发赋能的介绍绝大部分都停留在宏观阐释开放赋能层面，比如开放赋能是时代的趋势、开放赋能是必然的结果等，但是对于"给谁赋能""赋什么能""如何赋能""赋能收益如何"这样的问题，却基本都没有涉及。

作为一家金融机构，银行在进行开放赋能的时候，需要明确自己为什么要选择对外赋能；而作为一个商业主体，银行需要明确自己为什么要接受别人的赋能。

这样的问题其实笔者问过业界很多不同的人，但绝大多数人都是语焉不详。本小节就针对赋能问题和大家一起探讨一番。

1. 赋能的起点

传统的商业模式必然以自建经营体系为主，而赋能大多数以过剩的产能为出发点，也就是在生产服务能力超出了自身经营需求的情况下，为了提高经营效率，避免造成生产浪费，想通过赋能的形式找到新的发展点。那么对于金融企业来说，其中有多少企业进行赋能是因为自身能量盈余？又有多少是因为传统业务发展遇到瓶颈而被迫进行市场转型？

自身能量盈余和传统业务发展遇到瓶颈这两种赋能起点有着本质的区别。以第一个为起点的企业必然是已经实现了自身能力的迭代优化，在自营业务需求遇到市场服务瓶颈后，通过赋能来延展服务进而实现业务增长，同时回补自营业务需求。以第二个为起点的企业往往自身能力未必到达盈余状态，也未必经过长时间的市场打磨形成了可输出的模式。

因此在赋能以前，是否具备赋能的能力是一个很关键的问题。如果我们的能力还不能满足自身基础发展的需要，又如何对外赋能呢？

2. 赋能的类型

赋能是一件体系化的事情，所以赋能涉及的方面很多，或者说赋能的种类很多。赋能主要包括以下几种。

（1）牌照赋能

牌照赋能的本质是业务范围的扩展。

牌照赋能指的是对金融监管的牌照进行赋能，例如我们常听到的平台服务输出。平台其实是不具备金融服务输出能力的，所以只能通过服务输出让平台具备金融服务输出能力。

那么，如何界定金融监管的边界？如何划分服务的权责利？如何让平台客户不会产生认知上的偏差？这些都是进行牌照赋能时需要考虑的。由此可见，在进行牌照赋能时有很多细节需要处理，也需要有相应的管理办法进行制度上的约束。

（2）产品赋能

产品赋能的本质是财务能力的扩展。

我们姑且把支付、存款、贷款的金融产品统一作为产品赋能的要素来看待。金融产品赋能对于金融机构来说就是最传统的金融赋能形式，即以信贷杠杆为核心，帮助企业快速发展。在此基础上，支付结算、现金管理等金融服务产品能不断提高企业财务管理效率。产品的赋能取决于金融机构在金融产品（对应风险管理能力的提升）和服务流程体验上的创新效率。

（3）客户赋能

客户赋能的本质是市场能力的扩展。

客户赋能指的是通过释放自身客户市场资源，实现对外市场层面的赋能，如帮助被赋能企业进行早期市场培育、中期市场快速发展、后期市场完善。通过流量入口的方式开展业务合作，就是客户赋能的一种。这在一定程度上降低了企业自身获得市场的成本，或者说通过可计量的市场成本提高了市场发展的效率。对于被赋能的企业来说，客户赋能关系着它的业务发展，所以客户是最需要赋能的内容。

而对于金融机构来说，在册客户数虽然庞大，但很多客户属于低频客户，让低频客户变成高频客户、让沉睡客户变成活跃客户，并让自身具备赋能的基础，才是对外进行客户赋能的关键。

客户赋能在一定程度上考验的是金融机构自身的客户运营能力。

（4）数据赋能

数据赋能的本质是异业业务运营能力的扩展。

所谓数据赋能就是通过自身积累的客户数据，对客户进行画像，进而将画像信息作为基础对外进行合作，帮助被赋能企业精准描绘客户需求，提高业务运营效率。在互联网客户赋能的基础上，云计算、大数据实质都是在为数据赋能提供支持。而数据赋能也并非是单方向的，数据一直处在不断交换的过程中，在这个过程中会沉淀共享，丰富数据的维度，提升数据赋能的价值。

对于金融机构来说，金融数据的局限性导致仅靠金融数据画像很难与实际行业画像建立联系，数据赋能更需要依靠多维数据的支持。

（5）算法赋能

算法赋能本质上是同业业务运营能力的扩展。

算法赋能理论上应该和数据赋能合并在一起，但是对于金融机构而言，算法赋能可能更适用于同业拓展的领域，如超过4500家银行业金融机构间，针对一些特定领域的风险管理模型，通过算法赋能，实现同业风险管理能力的提升，进而实现差异化的业务合作。但算法在很多时候是一家金融机构在信息化建设中的核心竞争力，如何在维护自身优势和实现新增收益间达成平衡，是算法赋能的关键。

（6）开发赋能

开发赋能的本质是研发能力的扩展。

对于一些业务体量庞大但是信息科技建设薄弱的企业，通过开发资源的投入和云平台的合作可实现对开发能力的赋能。开发赋能是一种用开发换业务的模式，从总体上降低了合作企业的研发投入压力，并能获得更好、更稳定的运维服务。但是在开发赋能中，到底是前端的开发还是中后台的开发，决定了不同的赋能价值。

3. 赋能的管理

对于金融机构来说，赋能无外乎上边说的那几种，然而真正适合自己的赋能是哪个或者是哪几个的组合，取决于金融机构自身的能力资源禀赋，因此自身是否具备赋能的基础，是需要评估的第一层内容。

赋能不是助人为乐，而是以实现价值回流为根本目的的，所以由谁赋能（市场部门、运营部门、研发部门），为谁赋能（企业、平台、同业、政府），通过赋能会获得哪些客户（C端、B端）、业务（负债业务、资产业务、中间业务）、数据（金融数据、场景数据）或者品牌价值提升（无形资产），这是需要评估的第二层内容。

赋能后的运营，价值能够回流多久，回流多少，赋能的准入和退出原则是什么，这是需要评估的第三层内容。

简而言之就是，弄清楚对方要什么和自己有什么，以及自己要什么和对方能给什么。

如果没有一套合理的管理机制，那么赋能本身就是一个说不清道不明的伪命题，它的市场基础逻辑也就难以自圆其说。这样的过程甚至无法称之为"摸着石头过河"，而是"闭着眼睛跳河"。既然大家都不希望在热火朝天时被泼一整盆冷水，那么就需要严谨地看待赋能。

能而不赋，虽然不好，但赋而不能，更不好。

第 3 节　输出的隐忧

输出代表的是接入对方生态市场，在获得市场机会的同时，由于需要接受对方市场的运营规则，所以也就增添了几分不确定的因素。作为金融机构，在看到机会的同时，更应该看到机会背后潜藏着的隐患。本节将对输出隐忧进行集中梳理。

警惕金融赋能的陷阱

自从 FinTech（金融科技）之风拂过大江南北，金融科技逐渐成为一个主流故事。在金融赋能这条主线上，大家虽然都在讲着类似的故事，但却有着各自不同的方向。比如互联网公司，更多的是基于大数据算法向传统银行，尤其是一些中小型银行提供数据、云层面的服务；一些曾经的财务类 SAAS 公司，更多的是基于行业系统研发经验，向中小型银行提供所谓的"互联网银行核心"系统方案;一些大型银行,要么是向中小型银行开放自身成熟的核心系统方案,要么是为传统企业提供金融能力;还有一些银行,做着独立产品 API 化和外嵌入口的事情。

这些不同的主体,都在讲着关于"金融科技"赋能价值的故事,然而每个故事的听众和内容都截然不同。既然"金融科技"没有官方权威的定义,其实际价值以及实施路径也就有可能存在各种各样的偏差。

互联网企业的"赋能",我们更容易理解为是流量的赋予,背后实际是数据的应用。软件开发类科技企业的"赋能",我们更容易理解为是研发技术的赋予,背后实际是系统解决方案的实施。那么银行所谓的赋能,到底是赋了什么能?

- ❑ 有人说,是账户能力的外放。
- ❑ 有人说,是支付能力的给予。
- ❑ 有人说,是结算清算能力的输出。
- ❑ 有人说,是融资能力、对账能力。

······

之所以搞不清楚到底是赋了什么能,恐怕是因为我们没有把"输出"这件事情本身搞明白。

我们要输出给谁?这是一个从出发点上就需要严格细分的事情。很多银行的金融赋能,看起来更接近于以下几个方面:

(1)中小型银行开展自身核心系统功能的强化,以聚合支付、电子账户能力为系统建设主要目标。大型银行整合自身的零散系统服务，将自身核心系统、数据服务商业化，向中小同业机构提供销售服务。

（2）银行基于支付缴费产品对外展开合作。也就是银行依靠自身结算服务及合作清算组织的清算服务对外提供服务。

（3）基于 B 端支付场景对外展开合作，基于供应链融资进行线上体验优化，通过数据合作、担保合作来简化体验流程。

（4）基于消费支付场景对外开展合作，提供个人信贷服务，通过数据合作、担保合作优化所需要素信息并简化体验流程。

（5）将电子账户嵌入外部服务平台，配套电子银行业务，对外提供类似"直销银行"的服务。

但是仔细琢磨一下，这些金融服务的外放，是否是因 FinTech 而起？似乎又不是，很早以前就能登录网络电商平台进行网银支付，以"支付产品"为核心的服务输出那时不就已经存在了吗？基于支付积累的资源，又衍生出缴费平台，继而向外提供缴费服务，不也已经存在已久了吗？对于企业账户服务而言，各家主流银行推出的银企直联业务，不也是金融赋能吗？金融机构的金融产品（如基金公司的基金产品），自余额宝兴起之日起，不也成为一种金融赋能了吗？

针对同业而言，诸多的同业合作，无论是在产品层面还是在数据系统层面，其实已然有较为成熟的合作通路；针对市场机构而言，"金融"本身就存在于我们生活中的方方面面。市场对"金融赋能"的需求（此处并非指的是融资需求）已经基本满足，底层托底的统统都是银行账户服务，银行又何来"金融赋能"一说？

而如果银行将能力和权限释放，将赋能聚焦于让无金融牌照的企业能够从事金融服务，这又不符合国家对金融行业的明确要求。

能量的赋予其实普遍是在一个赛道上，即通过刚性需求能力的供给构建联盟与生态，例如通过同业的金融科技服务可以形成互利共生的局面；而在传统异业商业领域，更具赋予价值的是实实在在的资金供给以及商业转化。

这就是为什么互联网企业向银行提供金融科技服务是一个可以落地的模式，因为金融科技本身就是银行（目标客户）的商业化诉求。

在直接面向零售的市场中，基本不需要赋能，直接提供聚合类产品就可满足市场的基础需求。

"赋能"本身更接近针对2B领域提供技术服务，而在2B赋能的领域，金融所能赋予的能力更多集中在资金管理层面，而非商业诉求本身。如果不能达成主营业务在商业诉求上的契合，那么金融赋能的核心目标或许更应该集中在财务效率提升和财务成本降低等方面。而在以财务服务为核心的领域，相比专注软件开发的技术服务企业来说，银行更大的优势仍然是信息和资金管理的整合服务能力。

除金融以外，银行更具赋能价值的是统一的客户体系和金融服务数据。

搞清楚金融赋能背后关于谁赋予谁、赋予何种能力、对方为何需要这种能力等问题才是更重要的，毕竟新瓶装旧酒在这个时代没什么实际意义。

警惕金融输出的伪命题

前面说过，"输出"多数存在于自身零售业务趋于饱和，而不得不通过企业级合作拉升零售交易的情况下。这两年，大部分银行均提出了"场景金融"战略，场景的缺失确实是阻碍金融业发展的因素之一，毕竟多年以来，银行是以产品服务为核心而不是以场景服务为核心的，但是现在用户对产品的感知越来越弱，对场景的依赖越来越重。针对场景金融的发展路径，我们不妨先问自己两个问题。

- ❑ **场景是否能直接带来金融转化**？从实际情况来看，场景带来的是场景用户流量，流量形成的基础是场景本身，这也注定了这个基础不是"金融服务"。为何多数互联网企业专注于场景建设？核心原因还是攫取场景下的用户流量，而流量与用户是否能够转化为金融服务的流量与用户则是运营层面的问题。目前看来，场景下最直接的需求是支付，支付背后比较直接的关联是消费金融，显然这个转化与存款需求关联度不大。
- ❑ **自建场景和输出场景哪个效率更高**？已经开展"金融输出"合作的银行可能已经意识到了，将输出的场景流量转化为自身流量是一件难上加难的事情，核心问题出在流量的产权归属上。输出场景的流量运营权并不归银行所有，因此输出的转化能力也就值得商榷了。所以场景转化的核心问题应该是"用户到底是谁的"，不同的用户权属，决定了场景建设的方向、方法。

纵观互联网企业，自身服务的开放主要分为两个类别：对内输入型的开放和对外输出型的开放。对内输入型的开放的目的主要是自建生态，通过构建生态黏性，形成更大范围的服务壁垒，从而聚拢用户流量，黏住用户，获取用户场景数据。而对外输出型的开放，更多是在自身流量趋于饱和的背景下，聚焦于自身难以触及的用户流量，通过输出实现交易量层面的增长，这归根结底是一种 B 端服务。所谓的 B2B2C 模式，从严格意义上来说不是一个 C 端模式，因为针对 C 端的运营权并不在银行手中。或者说 B2B2C 从来也不是什么新鲜模式，银行干了那么多年的商户营销，这本身就是 B2B2C，即通过商户场景触及流量。

为什么场景建设对于金融创新来说尤为重要？核心原因在于场景的维度高于金融服务的维度。对于单一银行来说，场景可以打破同业市场壁垒，获取行外客户，是传统金融渠道客户增长达到瓶颈之后新的获客方法。

因此如果银行对场景的建设仍然局限于金融服务，那么场景建设本身的意义就不大了，基于金融场景的开放生态的建设效率也会大打折扣。核心原因不是场景不够吸引人，而是因为银行不自觉地将一个高维度的场景服务又拉回到了金融服务这一低维度上。

而银行若是将未来发展聚焦于输出战略，则是将自身服务底层化。这种底层化的思维，实质上是将对零售市场的直接管理转化为对公市场的管理。不直接面对市场的后果是失去了零售市场的议价权，丧失了零售市场的整体品牌感知。在零售市场，"无感"是比"厌倦"更可怕的结果。

还有一些银行的输出战略，甚至连输出都不如，只是为了适配合作企业的需求，做了新的软件系统的开发，然后对交易数据在统计层面做了硬性关联。不幸的是，这种案例比比皆是，输出背后对于零售业务的发展贡献寥寥。

很多人会说，很多互联网企业就是这样输出的呀。互联网企业输出的目标是那些自身无法触及的用户群体，进而将其转化为交易量或 B 端市场上的贡献。对于银行来说，对零售市场的探索远远没有做到极致，距离零售市场拓展的瓶颈还很远。在零售渠道上的建设，很多银行都处在半山腰的位置，所以过早打出输出"牌"，只会增加自身资源分配上的难度，导致自己在零售市场越来越被动。

多数互联网企业输出的是其已经处于相对优势、有一定市场壁垒的领域，如微信、支付宝的用户体系，以及京东的商品物流体系，反观银行业输出的金融服务，这是一个红海领域，且服务同质化严重，根本没有优势可言。

这时候会有人问了，对公做好了不也是壁垒优势吗？正如之前多次提到过的，对公业务实质是由零售业务组成的，只不过需要由多人决策，导致对公的市场反馈要慢于零售市场，所以因为零售区域饱和转做对公的案例比比皆是。当前互联网机构都在朝这个方向努力，但是要注意，在零售市场，用户的感知更重要。

综上，多数银行大张旗鼓地发布"金融输出"战略，笔者看不出其必要性和紧迫性，看到的更多是银行业在零售压力之下的盲目转型。在零售金融领域，多数银行在互联网创新应用方面仍然处于停滞不前的状态，对于互联网渠道的创新建设更是勇气不足。大多数银行要么是对目标市场的定位模糊导致重复建设渠道，要么是对场景建设与金融服务的关系概念模糊导致避重就轻和运营失当。

而银行的场景建设之路，其实从来都不复杂，流量缺失是因为没有建设流量的引入、运营机制，没有细分、整合自身的对公服务资源，并通过提升"场景运营"（非"金融运营"）能力为用户提供优质的场景服务体验。

在输出之路上"高歌猛进"，一方面可能因为输出不当，将零售市场的权力过分转移给外部机构，进而损失自身零售场景的发展机遇；另一方面可能因为流量归属划分不清晰，导致输出去的金融服务难以回流转化，为别人做了嫁衣。

打铁还需自身硬，自身不硬的输出，可能并不是分到了市场红利，而是得了当下却输了未来。

警惕错配

什么是业务与产品的错配？这和输入、输出又有什么关系？在银行网络金融中真的发生了错配吗？本小节就专门针对这个问题进行讨论。

1. 业务与产品的错配

如果你在银行工作，一定会发现业务需求的提出是一个非常重要的工作。几乎所有银行产品的出发点都是业务需求，全套实现流程都是根据业务需求来启动的。

那么业务到底是什么？百度上给出的解释非常通透："业务更白话一些来说，就是各行业中需要处理的事务"。可以说银行的产品设计一直以来，都是以业务实现为核心的。

每个银行都有相应的业务系统，用于满足各自业务领域上的诉求，比如说有围绕银行业务开展的业务处理系统，有围绕支付电商业务开展的业务处理系统，有围绕信息服务业务开展的业务处理系统。从系统实现的角度来说，这种规划非常合理且清晰，但是当这些业务系统直接面客的时候，问题就出来了，他们的市场服务能力似乎非常薄弱。很多银行会大量推出各种 App，比如××银行 App、××商城 App、××助手 App……

为什么这么清晰的业务却不能有效获取互联网用户？原因多在于业务与产品的错配上。很多银行将业务与 App 画上了等号。业务系统 = 平台 =App，成为绝大多数银行处理线上产品的逻辑。甚至有些产品背后，还都附加着一套"××业务管理办法""××业务操作手册"。

那么什么是业务设计？什么是产品设计？

❑ 业务设计，以业务实现为中心，围绕客户业务价值提供服务。

☐ 产品设计，以用户体验为中心，围绕用户使用价值提供
服务。

用户可以沉淀在产品层的服务场景中，却无法沉淀在业
务层。

业务系统与线上产品之间并不能画等号，但是现在很多银行
都错配了：本应对产品层去开展营销的，却变成对业务层开展营
销；本应靠用户价值去获客的，却变成靠客户价值去获客；本来
是一个业务问题，可以用差异化产品进行差异化获客，却要对产
品与业务做一对一捆绑，最终产品的用户价值难以发挥出来，业
务也难以产生应有的价值。

客户和业务的关系见下图。其中左图所示就是常见的错误模
式，中图所示是改进的方向，而右图所示是笔者推荐的模式。

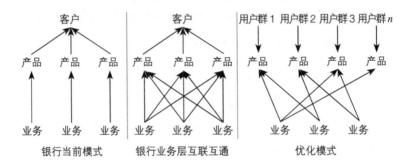

新产品，没有线上业务量怎么办？线下推，重复推。不要把
本该线下做的事情都挪到线上，不然就会费力不讨好。

2. 输入与输出的问题

我们说了很多关于输入与输出的话题，不过每次我们讲述的角度都不太一样，银行网络金融的"输入与输出"很尴尬，这种情况的产生在一定程度上也来源于业务与产品的混淆。

对于输出，有几个问题是必须面对的：我要输出什么？我需要回流什么？我靠什么回流？回流到哪？

对于输入，也有几个问题是必须面对的：我输入什么？我输入的是活跃存量服务还是新增市场服务？服务新增市场的价值点和壁垒是什么？

虽然很多银行都知道上边这些问题，但是很可惜，目前银行在自建流量或借助他人流量发展自身零售业务的过程中，都没有刻意去寻找答案。

下图很简单明了地表示出了输入与输出的问题，输入给我的东西不具有壁垒，无法构成我的用户价值核心；我输出去的东西也没有用户价值的差异让我进行流量回流。当前银行多数考虑的输出也仍然停留在业务层面，光有业务价值，没有使用价值。

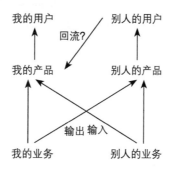

若是自建产品体系的用户价值基本功还没有练成，就想加速输入、输出，最终的结果只会是因为力不从心或合作不对等导致虎头蛇尾、无疾而终。当然，往前推 10 年这种说法或许会有不同的结论，在线上市场供给还不丰富的时候，以业务为核心构建产品，仍然可以依靠强势渠道进行获客。那时候"以业务实现为中心"和"以用户场景为中心"之间的界限还不清晰，业务价值基本等同于使用价值。然而时至今日，当用户与客户的概念发生了巨变，渠道模式与用户 / 客户习惯也发生了巨变，以业务实现为中心的银行线上服务已经不再适用。如今我们更应该关心的是"业务与线上产品的分离"。

大型银行经过多年发展沉淀，在业务系统方面已经非常完善，你能想到的业务功能，无论是对内的 OA 功能，还是对外的银行功能都已经具备了。然而对用户层面的思考却始终关注不足，"用户是谁""为何要用"这样的朴素问题，不是站在全用户市场的角度思考，而是站在业务立场去思考，最终的结果自然是线上产品竞争力不足。

当然很多人会说，你说得轻松，但领导不考核我关于用户的指标，只考核我业务量啊。确实，这种问题属于创新机制的问题了，服务存量市场扩大交易规模和拓展、培育新市场本就不是一回事。

|第 7 章| C H A P T E R 7

如何构建合作生态体系

银行聚拢了丰富的服务资源，不仅囊括了金融类服务资源，也吸纳了众多非金融类服务资源。如何盘活存量资源？如何通过生态建设把资源变为获得市场的新工具？这是新时期银行开展服务创新，发挥银行传统优势的发力点。

第 1 节　自建生态体系的方法

生态建设看起来复杂，但建设的主线是单纯的，本节我们将从基本需求、现状剖析、平台工具三个方面，对生态建设的方法进行介绍。

自建生态的需求探索

从不同银行集团的大体结构可以看出，不同的银行，其业务背景也是不相同的，有些银行是自成集团体系的，有些银行是依附于集团体系的，所以不同的银行角色定位也不同。对于银行是否需要自建生态以及怎么建生态，更多取决于银行或其所属集团的发展诉求。

说不需要自建生态的银行一般属于如下情形之一：

❑ 已经是集团下的关联方。它们其实已经拥有了较为丰富的场景生态，集团已经覆盖了各类行业形态，如互联网银行、实业集团下属的银行等，这类银行已经是集团生态的参与者。

- ❏ 可能是银行自身的体量资源难以支撑自建生态，这类银行只能参与生态，对于它们来说这是当下更经济的方式。因此这类银行不去构建生态，确实是合理的。
- ❏ 没有丰富的业态，金融服务是其运营核心，场景生态对于它们来说是过于奢侈的内容。
- ❏ 认为建设生态太不靠谱了，用大量资源去自建生态，最后发现可能还不如人家采用"集团资源协同"来得便捷，毕竟股权上的关联，比业务层面的合作要直接得多。但是"难不难"和"建不建"毕竟是两个问题，混在一起其实是说不通的，这里之所以放到一起，只是帮大家了解所有相关的情况。

虽然生态中各方不全是关联方，但是生态建设的早期如果没有股权的协同，恐怕"生态"这场饭局很难攒起来。没有核心"大菜"镇场，那这场饭局就很容易变成食堂流水席，食客们大多只会吃完起身就走。

可对于那些缺少集团协同资源的银行来说，早期构建生态核心，本身就是一件很难的事情，甚至在监管机制上都是阻碍重重。但是若是仅仅因为难就不去构建生态，到头来这些银行大概率会发现，别人的生态越来越完善，别人的集团的价值越来越高，自己只能去依附别人，或者通过价格让利来获得生意，通过补贴撒钱来让别人生态中的"羊毛党"记住自己，而且大多数只是记住了自己的阔绰。这样的情形在互联网时代并不少见，这就是我们常说的那句"羊毛出在猪身上牛来买单"的写照。只能说在生态构建方面，银行的对手往往都不是同行。

对于银行来说，在构建生态的时候，若是想自建实业场景，那么大多数情况下都是不可能的，而通过互联网技术构建一个不断增长的信息服务流量体系反而更容易落地，而且试错成本更可控。

其实看到那么多人为建设生态而欢呼的时候，笔者还是挺担忧的，毕竟建设生态不是一个行业的必然选择，只是一家或几家银行自身的战略选择。所以构建生态并不是适合所有银行的。

自建生态的现状

从产品到平台，从平台到生态，银行不断演进着自身的商业模式，以求适应这个时代的发展需求。产品、平台、生态分别对应着三种不同模式：

- ❏ 产品模式就是将一款产品推向目标群体，在完成一个产品周期后，再推出新的产品，如此周而复始。
- ❏ 平台模式则是按照一个相对严格的标准，将多款产品聚合到一个平台上一起推出去，这种模式需要长期运营及维护平台。
- ❏ 生态模式则更复杂，相对平台模式而言，生态模式的开放程度更高，能满足不同类别生态参与方的复杂需求，生态参与方有更大的权限在生态内开展综合性的业务拓展。

生态的构建是信息的高度整合与匹配，以及按照一种默认的生态潜规则实现组织间的自治，更突出生态内组织间的协同效应，是一种从外界给予生态构建主体新动能以支持其持续性发展的方式，也是一种强化自身核心业务黏性、发展衍生创新业务，甚至是构建未来战略壁垒的方式。在银行整体发展遇到瓶颈的今天，生态化发展显得更为重要。

那么生态到底是什么？生态是由多类型、多层级的不同主体共同构建的交互集合。生态中有 C 端也有 B 端，有 2C 的配套服务机构也有 2B 的配套服务机构，还有各种类型的收益服务机构，生态中的任何资源都该被充分调动。生态的特点是其中每一环，哪怕是其中最微小的个体，也都有维系生态循环的战略价值，任何一环的缺失都会造成生态失衡。

我们都知道产业投资领域有相对完善的生态模式，即以股权形式引导生态内各组织间的业务协同。那么对于银行来说，为什么很难构建生态？

1. 战略难长久

银行的管理模式几乎都是一样的：管理者的定期轮换制以及无股权捆绑，导致银行战略通常难以持久，大部分战略只在某一届领导任期内有效。而构建生态系统并非一个立竿见影的工作，因此大家普遍对生态多久能建设成功心里没底，也就很难把生态真正落到实施细则中去。

实际上生态的建设一开始绝不会是宏大的工程，而是从微循环做起，即先构建一个能够满足某一个关乎生存需求的产品，然后基于这个产品不断扩展，形成一个能满足多个需求的产品集合，最后不断引入该集合的上下游服务机制，为建成最终生态提供成长的环境。

这个过程看似旷日持久，然而一旦一个产品建成，后边发展就会非常顺畅了。因为生态是具备自然吸引效果的，生态的"新陈代谢"速度越快，对于新资源的吸引力也就越大，所以生态往往是会呈现指数级成长的。

2. 命运难共同

金融服务是银行业务的核心，也是银行关注的重点，但是在银行构建的生态中，却是会包含很多行业的，所以银行一直受到混业经营限制。对于银行生态中的企业来说，除了银行本身，鲜有依靠财务获利的，它们更多是依靠其自身的实际业务获利。银行对企业的风险关注，与企业对其自身的风险关注，完全是在两个层面上。因此银行通常被冠以"晴天给伞，雨天收伞"的冷酷评价。

受到这种冷酷评价的持续影响，自然很多企业在经营层面不愿意和一些银行玩了。先不说银行在企业业务出现经营困境时会不会伸出援手，就算银行有心帮助企业，但因为其对其他垂直行业的了解和研究不够深入，依照其现有的研究信息很难对企业经营产生实质性帮助。所以银行根本不会"愚蠢"到要对企业的经营负责，而对企业来说也不会"愚蠢"到依照银行的建议来经营。

从企业资源的协同效果上来说，银行只是在把企业按照行业进行常规分类，目的是选出相应的授信模型。在这个过程中，银行获取的企业经营维度的信息（非财务维度）极少，即便获取了，也因为数据的非结构化难以进行有效应用，更不用说进行交互和指导业务经营了。对于供应链金融来说，虽然可以达成 B 端上下游的交易数据整合，但是供应链金融仍是金融产品模式，却不是真正意义上的生态模式。

以前的企业是先有"账户"再有经营，而未来的企业或许更多是根据经营决定银行服务，这种服务前置的"互联网思维"，未来也一定会从零售服务领域渗透进各类组织服务之中。因为任何产业链的经营终端都是"人"，所以生态的核心更多的是和生态内各个机构组织参与者建立经营（或生活）层面的命运共同体。

3. 客户难活跃

为什么还是要说到客户层面呢？因为生态的建设，需要活跃客户作为基础。这里说的客户首先要成为银行的客户，其次是让银行客户按照一定的隐私标准有序成为生态参与者的客户，并且与生态参与者的已有客户融合。这种融合在曾经的线下业务时代是很难实现的，融合时造成客户流失的风险极大，但是在移动互联网时代，这种融合可以通过技术方式实现，这样可以大大降低客户流出生态体系的风险。这也就是为什么说银行在线上服务领域更容易进行金融生态的初期建设。

归根结底，作为生态的主导方，没有基础活跃客户，生态战略就难以起步；有活跃客户，却不愿意拿出来与生态共同分享，生态战略也难以起步；有活跃客户，也愿意拿出来，但是客户对生态的形式不买账，生态战略还是难以起步。因此成功的生态是一个流量基础＋共享技术＋市场品牌相互作用的结果。

因此，银行若是过分关注账户经营而忽略了流量经营，过分关注于金融业务本身而不将客户的金融需求向生态中推进，也就看不明白流量经营的根本目的。对于构建了生态的银行来说，不是简单地获取账户增量就可以了，更重要的是维系一个更加庞大稳定的生态体系。

生态的构建往小了说，可以仅局限在线上业务的闭环服务中；往大了说，可以延展到全行甚至整个行业从 C 端到 B 端的各类衍生服务中。要想成为生态的构建主体，至少需要具备如下几个前提：

- ❑ **开放的计算能力**：实现原有业务向系统外开放，通过技术手段提升业务的开放程度，具备更为广泛的信息接收、储存、分析能力。
- ❑ **开放的用户能力**：能够实现用户的输出与输入，将用户从静态管理提升为流动管理。
- ❑ **开放的盈利能力**：每一项业务都能带来上下游辐射业务的成倍增长，能将盈利能力开放并匹配给全生态的各个节点，实现混合商业的高效协作。

总之，从目前的情况来看，银行的金融生态化发展之路还充满各种未知，大型银行掌握着大量的生态资源，它们原本具备生态建设的各类要素，但也正是因为资源的庞大反倒让大型银行在生态化转型中的每一步都变得异常沉重。这样的存量包袱有的时候不是业务层面的，而是心理层面的。

平台未必等于生态

平台这件事情大家都不陌生，很多机构标榜自己建立了平台，也有很多机构将银行与生态做了等号连接。可以说平台是生态的载体，但平台的形式并不拘泥于这一种。

平台看似简单——搭个台子，邀人唱戏。实则不简单，因为平台化的发展需要很多容易被忽视的基础要素。

很多金融机构做平台，将目光放在了一些做得不错的对标平台上，但却在实施过程中照虎画成了猫，一方面流量的活跃与黏性不高，另一方面增量贡献不足，导致存量之间的矛盾不断诱发内部矛盾。平台化发展在多数金融机构中似乎都不太顺利。

平台模式到底少了什么呢？

1. 平台的市场定位

平台的市场定位主要是明确到底要为谁服务，哪怕定位分析再粗糙，也需要搞清楚这个群体的规模有多大、质量如何。在这个基础上，需要考虑平台在服务这个目标群体的过程中，是否存在能力不足问题。

举个例子。假设你想要服务大学生群体，那么是不是全国的大学生都可成为你的服务对象？其实不然，比如有可能部分省市的大学生你根本无法覆盖，或者你的服务只针对大学生中男客户或女客户、只针对部分年级的客户、只针对学习成绩处于某一层级的客户等。这些都有可能导致你针对目标群体提供的服务不完整。

再举个例子。比如你想要服务全部"银发群体",那么是不是只能服务自己机构的银发客户?其他金融机构的银发客户群到底能不能服务?不同子女属性的银发群体是不是有差别?不同年龄层和健康状况的银发群体是不是有差别?这些都有可能导致你针对目标群体提供的服务不完整。

这个"能不能服务"不仅是体现在表面形式上,还体现在服务中是否有明显的用户体验差异,或者说平台的定位是否设置了"不确定的前提条件",这样的前提条件是否脱离了市场的普遍要求。

多数金融机构的平台定位是存在明显缺项的,这种缺项会造成市场定位扭曲,进而直接影响平台未来的整体发展。造成缺项的原因有很多:

- ❑ 以账户作为服务基础。
- ❑ 把金融服务中的 KYC 当作信息平台服务的核心。
- ❑ 平台内容不平衡。
- ❑ 受到地区服务、营销与传播的限制。
……

定位可以精细化,但是这不代表定位内部就应该有缺项。不解决定位缺项的问题,平台就会出现封闭的情况,那么这样的平台也就难以称为平台了。

2. 平台的内核功能

平台不是凭空造出来的,稳定的平台一定都有自身非常关键的内核功能。就像一个舞台，若只有台面没有龙骨支撑，舞台是立不起来的。

当你细数那些耳熟能详的平台时，无论平台规模大小，都至少有一个最基本的内核功能作为支撑，例如信息检索、消费决策、社交沟通、娱乐消遣、安全检查等。很多时候这些最基本的功能，造就了平台发展的核心竞争力。但是金融机构在场景化中发展的平台，内核几乎是真空的。这个内核可能是非金融的场景功能，也可能是深度提炼的金融功能。无论是以什么作为核心功能，可以肯定的是，内核功能的流量质量几乎决定了整个平台的流量质量，以及未来的发展潜力。

其实无论是非金融的场景功能，还是金融类的功能，都有可以造就高频服务的空间，核心在于整个功能应用流程中，数据更新的频率。高速变动的内容数据，是拉动流量使用频次的基础。

关于核心功能，虽然我们无法预知未来，但是选择一个有明显增长势头的方向是必然的。退一万步说，如果金融机构对于场景实在不在行，通过对金融服务的流程再造，增强对广义资产服务的创新，同样可以形成核心功能，以此提升平台的流量质量与使用频次。

但是一旦以金融作为核心功能，就会导致金融机构普遍仅聚焦自身金融服务，同时会不可避免地因为对同业竞争的担心及出于部门利益的考虑，而主动逃避将服务充分平台化。在这种情况下进行用户服务，注定难以站在更高的维度。

3. 平台的发展规律

除了上述两个核心问题以外，还有一点也是金融机构时常忽略的，就是平台发展的时间轨迹。

平台不是一只石猴，从石头里蹦出来就能神通广大。平台的发展注定需要经历一个必要的时间周期。即从核心功能的建立、种子用户的积累、核心功能的打磨到核心用户群衍生需求的产生，再到衍生需求与核心功能的平衡优化，以及新用户需求与核心功能的平衡。

核心功能的自然生长力，也需要经受时间和自然传播的考验，这是最简单的试错验证模式。很多时候，机构依靠单纯的行政命令，难以得到公允真实的市场反馈。

同时平台中的用户体量与流量规模、质量，与平台上加载的额外功能需要平衡发展。失衡是平台发展中的重大隐患。因为平台一旦失衡，影响的是核心用户群的体验，也会造成核心用户的流失，这种流失不仅会带来短期内的数据的不好看，更严重的是，会对市场内的认知、口碑造成中长期的影响，有些影响甚至不可逆。另外，平台的"招商"能力会因此受到影响，内容服务商的利益难以得到保障，合作共赢的目标也就难以达成。这是一个恶性循环的起点。

对这种平衡的控制，本质上考验的是动态运营能力，即从用户画像分析，到对不同用户画像的应用与对内容的关注，再到对内容的质量把控、对展现形式的选择与对更新频次的把控，然后到为内容提供者提供服务等。这个过程不该也无法被忽略。若是仅仅寄希望于开发一个平台，然后用大规模"招商"的方式快速构建大量内容，通过下指标的方式来快速扩大注册规模，这样的策略在实践中基本都难以构建核心竞争力，同时有可能让"虚胖"的平台千疮百孔，难以经受市场竞争的冲击。因为这样的发展模式违背了市场客观发展规律。虽然不能说这样做绝无机会，但终究是一种赌徒行为，不该被鼓励。

一想到平台，多数机构就不可避免地陷入"大而全"的发展黑洞，"不大"显得战略高度不够高，"不全"则怕无法与存量平台抗衡，缺少市场竞争力。然而现在已经不是 10 年前的市场，平台化的发展已经进入细分时代，细分价值决定了服务黏性，而细分平台之下，为用户提供无差别、低门槛服务，是平台所需要具备的基本素质。

如果金融机构始终站在"工具服务""客户服务"的视角，或自己的平台完全依靠外部服务的堆砌，平台也就难以真正成为"平台"，难以构建一个具备市场竞争力的合格平台。

如果平台无法在核心功能、获客能力方面获得发展，那么建设平台也就没有了意义。换句话说，如果金融机构在数字化发展中，尚不能通过产品服务解决获客、提效这两个基本问题，那么就说明金融机构的基本商业能力有问题。

舞台好不好看并不是核心，有没有观众、有没有高质量的内容，才是平台发展的关键。而这样的关键，更需要机构尊重事物发展的客观规律，避免因为焦虑与浮躁导致失衡发展、跳步发展。

对于平台发展来说，什么时期就该做什么样的战略选择。在当前状况之下，以小、快、准的目标集约发展，强化对市场的理解，对核心功能的雕琢，比过早布局过于宏伟的架构体系更加重要。

第2节　构建合作生态体系的方法

除自建生态以外，通过合作构建生态是一种更具商业化特色的模式，合作生态的核心在于对多方关切、统筹协调多方优势资源。本节我们将从背景需求、现状梳理、方法探索、未来展望四个方面对合作生态的构建进行总体阐述。

合作生态的需求探索

银行获客遇到瓶颈，和与新市场客户的交互越来越少、老客激活形式单一、存量客户黏性越来越低关系很大，于是银行把在网络金融方面的发力点逐渐聚焦到互联网平台合作这个新领域。最近针对互联网的下半场又出现一个新名词——"协同效应"（对应着曾经的"网络效应"）。

为什么要合作？对于银行来说，和互联网合企业合作的诉求主要有以下几点：

❑ **公关诉求**。借助热点平台和品牌价值，优化银行自身的互联网创新形象，吸引差异化用户群体的关注。

- ❑ **流量合作**。聚焦互联网平台流量，通过业务嵌入或广告合作的形态将合作流量转化为银行客户流量。
- ❑ **技术合作**。通过在新技术、新内容方面进行合作，改善银行业务服务的流程，丰富交互模式。
- ❑ **数据共享**。通过合作获得用户场景数据，丰富自身客户画像，将数据应用到银行自身金融产品设计中。
- ❑ **金融服务**。开展企业金融服务，获取直接合作收益。

其实我们再进一步分析可知，和互联网平台的合作深度和形式取决于如下几个方面，这些也是互联网企业的诉求。

（1）直接收益：

- ❑ **融资**。在某个阶段，这相当于互联网平台的粮草，谁给的粮草足够好、足够多，谁获得的合作机会就足够多。
- ❑ **收入**。互联网企业商业模式的主营业务收入，这对其财务指标、未来估值有直接影响。
- ❑ **用户**。获取新的注册用户、付费客户，同样对互联网企业市场指标、未来估值有直接影响。

（2）间接收益：

- ❑ **品牌**。与有影响力的机构合作，可以提高互联网企业自身品牌影响力。
- ❑ **服务**。通过合作，拓宽互联网企业服务业务领域，增强服务黏性，获取额外收益。
- ❑ **降成本**。通过某些银行的服务，降低互联网企业财务成本（或提高资金收益）。

　　但是，有时候我们在与互联网平台合作的过程中，不能只看到对方要什么，还需要看到"对方不要什么"，因为这些对方不要的点，很可能是影响合作形态和内容的关键点。

　　举例来说，互联网企业普遍以平台化为其发展优势，平台化需要对其平台目标客户的需求做最大化满足。因此客户群体是否一致，是否在业务场景方面有契合点，决定了合作是广告级还是业务级。这句话怎么理解呢？比如互联网平台服务能够满足其A、B、C三类客户需求，而银行服务只能满足其C类客户需求，则说明平台化属性契合度不高，业务级合作的难度比较大，这时应该主要采取广告级流量变现的合作方式。究其原因，广告级合作不会严重影响平台用户的交互体验，但是业务级合作与其用户交互体验息息相关。

　　反之亦然，长尾小平台服务能力有限，需要倚靠银行为其导流，但是与这类平台开展的合作中属于业务级的非常少，在少之又少的业务级合作中一般都是区域性开展的。

　　所以，业务级合作虽然能使双方形成紧密的捆绑关系，但在正式开展合作前要依托于合作项目，评估是否满足目标客户业务一致性的要求。只有满足了要求，才能产生高于业务本身的衍生价值，才有投入资源进行业务迭代的动力，毕竟业务级的合作对于互联网平台来说，是要评估投入产出比的。若是没有衍生价值，倒不如直接进行广告合作，你出钱，我引流，短平快。

　　很多互联网平台之所以愿意和银行合作，普遍都是看中了银行的金主身份，通过一次短平快的合作把用户和营销费用搞过来，还能借势做一把品牌联合的生意，何乐不为？信用卡就是最容易达成类似合作的切入点。

而对于业务级合作的产品而言，由于平台的变现需求强烈，因此合作普遍都是从缴费支付环节切入的，这也仿佛成为深入合作的敲门砖。于是我们经常能看到一些大的平台，支付环节和支付方式众多，甚至各个银行或机构要想将自己的支付方式排在前面，都需要投入大量资源去争取，每一个优先权都是靠钱砸出来的。

因为互联网企业具备平台化的服务能力，所以其具备平台运营的话语权。是否能真正达成业务层面的平等合作，与双方企业集团体量可能并不是唯一关联的，更具备决定性的因素可能是双方平台化的业务服务能力。而在这方面，银行心中的"平台"和互联网公司心中的"平台"，或许并不在一个维度上，而这或许是银行网络金融发展中最值得奋起直追的部分。而平台能力背后，是业务、应用、技术、数据之上的架构，这决定了是否能够让合作伺机而动。

花钱容易导流难，那些海量流量真的不是你想买就能买的，在不具备相关条件的情况下，就算买了也不一定能带来预期的效果。

合作生态的现状

本节我们就来说说"生态平台经济"的问题。

1. 生态平台分类

为了让我们所说的平台更加直观，首先需要对平台进行分类，如下图所示。

上面这张图描述了在生产流通消费环节会涉及的四个平台类型，其中每个类型都代表了一个大的场景。

- ❑ **消费平台**：消费平台聚合了买与卖的消费关系。无论是平台自营，还是平台撮合，消费者支付、企业提供产品服务的交换模式没有改变，金融服务始终聚焦于C端的支付消费信贷服务，以及B端的收单现金管理服务。

- ❑ **产业平台**：产业平台聚合了生产与流通的产业关系。企业间的采购可能是一级的，也可能是多级的，金融服务聚焦于商品从生产到流通各个环节的现金管理、信贷融资服务，这一整套服务更接近于交易银行的事业使命。

- ❑ **政务平台**：政务平台聚合了政府与社会参与主体的行政管理关系。很多行政事业单位在费用收缴环节实际充当着服务流通者的角色，在行政审批等环节中，金融服务更多聚焦于泛金融的数据信息服务。

❑ **劳务平台**：劳务平台聚合了企事业机构与职工的劳务关系。在劳务平台上，金融服务更为纯粹和传统，包括企业端的代发、信贷融资、个人端的账户服务和配套的其他金融服务。

在四类平台中，C 端价值集中在消费平台、劳务平台和政务平台，B 端价值集中在产业平台和政务平台。

这些平台当中有些是以互联网形式存在的，有些则是以非线上形式存在的，但平台的属性没有本质差别，都是对 B 端、C 端或者 C 端与 B 端多类主体服务的聚合。

2. 合作关系

平台的概念铺天盖地，客户关系无处不在，网络金融和平台的联合似乎成为一种全新的金融合作模式。这种合作关系是什么样的呢？

在解释这件事情前，或许我们要先说清楚一个问题：金融对平台经济的服务，究竟是把平台本身作为实际客户（把平台作为收入直接来源），还是把平台下面服务的各个主体作为实际客户（把平台当作渠道）？

其实无论我们怎么包装商业模式，最终都要落到为买单的主体服务上。这里说的主体要么是个人消费者（C），要么是企业机构（B）。而对获客而言，要么是获得了 B 端的客户，要么是获得了 C 端的客户。

如果平台上的企业是金融服务的核心客户，那么我们要看平台自身是否在平台商业模式中深度参与了资金流转，而参与实际资金流转的平台，与我们对核心企业提供的传统金融服务并无本质区别。在经营合规的前提下，这种重资金运营的企业本身也具有非常高的金融服务价值。

如果平台下各个主体是客户，那么平台只是起到了信息中介的作用。平台合作模式则主要是促使平台下的客户消费金融机构的服务，这与常规的"广告投放"没有本质区别，平台主要充当渠道的角色。仅有的区别是，在"开放金融"的服务领域中，平台上的广告可以不再引流到金融机构自己的 App 平台中，而是引导到通过 API 在平台上构建的 Web 服务中。在流程体验上这与平台一样，这种广告引流的本质没有发生变化，只是广告形式、引流目标以及服务提供的地点发生了变化，但却降低了广告转化中的用户操作成本，在转化的过程中还实现了对信息的积累与应用。

这么看起来，无论是上面哪一种选择，针对平台的服务模式似乎都很传统，因为平台这个概念自古就存在，只是随着科技发展，平台的主流形态发生了变化，服务与平台的对接方式发生了变化，但是合作关系的本质没有变。

- ❑ 聚焦于平台用户流量下的渠道产品转化。
- ❑ 聚焦于平台交易场景下的金融服务转化。
- ❑ 聚焦于平台信息服务下的数据应用转化。

而增强转化的核心是服务的场景化包装与平台自身服务的

契合。

3. 正视生态平台

其实今日平台的价值，不在于平台自身的革命性变化，而是在于信息技术的应用使得平台价值越来越显性化。例如除了消费购物以外，商业广告的投放、企业供应链的交易、政务行政事项的申办、企业组织（党建、人力、工会）的服务等各种生活场景中，平台经济贯穿始终，起到聚合资源、降低交易成本的作用。

对金融机构而言，历史上通过广告平台实现向渠道产品、金融产品的引流，通过供应链平台实现向链条企业提供金融服务，通过参与建设政府平台获得更多政府主导项目，通过与企业个体平台的合作为员工提供服务，这些基于平台经济的合作从未停止过。只是平台的形态在广告行业中发展出 DSP、SSP、ADX 等新型平台，在供应链领域发展出线上 B2B 交易平台，在政府方面形成了线上行政审批系统，企业则更多应用 OA 系统，这些行业的数字化带来了新的平台形态，让外部技术有更多机会接触到平台的内在价值。

所谓的粉丝经济、圈层经济等新概念无不是平台经济的延伸。而外部机构对于平台的商业化应用，都是非常朴素的逻辑：找到目标市场，把服务卖出去。只是平台在如何找到目标市场，以及如何让目标市场变得高大上方面，发挥了更大的作用。

因此对于平台本身，我们更应该正视其本质，拥抱变化，进而合理应用。而不应过分迷信平台对未来发展的决定性、扭转性作用。例如随着 5G 技术的推出，超高移动宽带速度、大规模物联网接入、高稳定低时延会改变很多用户对前端体验的认知。人对服务体验的诉求，以及对时间的分配也会因为速度的变化而改变。流量本身最大的特点就是流动性，这种流动性形成的壁垒会不断被速度冲破，由零售流量延伸出去的产业流量也会发生变化，因此平台的形态以及价值格局也会因此发生新的未知变化。

金融机构的平台属性也会在与各个平台的交集摩擦中发生变化。金融本身也应该朝"平台的平台"方向深挖，寻找数字化平台化发展中的关键锚点，不能盲目追随平台，不然会导致自己服务的散、市场的乱。

4. 待解问题

平台经济在市场中的价值有目共睹，然而对平台经济的金融服务我们还有很多的问题。这些问题主要集中在金融机构、平台、平台下客户的关系上。

下面我们抛出一些仍在观察中的问题，希望大家能在不断变化的市场中找到答案。

（1）金融机构希望从平台得到客户和业务，那么平台能从金融机构获得什么？是服务还是收入？若是服务，那么是信息服务还是金融服务？若是收入，那么是新增客户收入、扩展增值服务收入，还是广告收入？这种合作是长效的还是短效的？

（2）平台上面既有金融机构的存量客户，也有完全陌生的增量客户，那么金融机构如何处理不同的客户关系？面对不同群体如何提供服务？在平台中，金融机构的服务是否具有平台化属性？金融机构的服务是否具备完全线上化体验，是否需要借助线下服务？

（3）多个金融机构在同一平台中的关系是什么样的？是被平台标准化、聚合化，还是会差异化独揽不同的平台业务？多个金融机构之间的竞争关系是什么样的？平台处理竞争的机制是什么样的？

（4）如何处理大平台和小平台、有竞争关系的平台间的关系？具备经济价值的巨头平台是否有完成自循环的能力？中小平台的服务价值是否与平台经济服务的成本相匹配？中小平台是否有与大平台不同的服务模式？

（5）如何处理银行自有客户交互渠道与平台渠道的关系？如何管理分散的服务入口？

对于这些问题，相信随着平台经济的细分发展大家会找到更为清晰的解答。

合作参与生态的方法

在银行与互联网企业共同参与的生态中，要么是由公司层面牵头开展业务级合作，要么是由双方一些零售部门牵头开展个人端流量合作。对于银行来说，虽然一直希望对合作进行完整统筹，以便达到更高效的目的，但是始终难以落实。本小节就说一说其中的问题与方法。

1. 关于互联网生态

要想理解互联网生态，首先我们要说明什么是互联网。其实现在很多银行对互联网这个概念理解不够深入，他们一直把互联网、软件、硬件等多个行业混合在一起，在高科技企业与互联网企业之间画了等号。而实际上，互联网企业、软件企业、硬件企业有着不同的盈利模式，自然合作的内容与方式也不同。因此如果银行聚焦的是与整个高科技企业群进行合作，那么往往会因为涉及面过于宽泛最终一事无成。

显然从银行的核心诉求来说，公司层面的对公业务合作从未停止，然而在合作过程中，获取自然零售流量却是当下更迫切的诉求。与互联网企业的合作价值也自然集中在流量与场景价值上。

当然目前有很多的智能硬件企业同样具备用户层面的资源，不能以偏概全地说只有互联网企业才适合合作。新时期对流量型企业的选择判断则应该集中在"是否具备强交互的用户流量"上，即以平台对用户的影响能力作为一个判断依据。

2. 关于头部

很多银行关注头部客户，无论是公司还是个人，一直以来被二八法则所支配，认为抓住头部即是抓住了整个市场，然而真的是这样吗？互联网本身就是一个提供服务的长尾的市场，广阔的互联网领域自然也有更多的价值聚焦于长尾平台，互联网市场的碎片化更是拉升了长尾的价值。

对于互联网企业来说，头部是不稳定的，这是一个高速变化的市场，头部能维系多久谁也不能确定，所以与互联网的合作本身就需要一套灵活的合作机制、一套动态效果评估机制，以实现灵活的准入与退出，并能够针对业务层面的风险进行有效隔离。

那么何为头部？上市互联网公司算是头部？独角兽企业算是头部？高速成长中的企业有没有可以算是头部的？处于孵化期内的企业有没有具有潜在价值的头部？头部是否意味着与其合作风险低？显然对于头部的认定，也会直接影响到合作的模式。对于头部的判断仍然不能以规模来约定，更多的要依靠成长性。

3. 关于行业领域

相对于所谓的头部企业来说，长尾企业中的高潜力客户似乎更具备合作扶持的价值，要想深度挖掘这种价值，与互联网企业合作时，就一定要贯穿企业孵化期、成长期、成熟期等多个关键时期。

历史上银行对公司的分类都是依据财务规模、所属行业进行的，并不能体现互联网企业在不同发展时期中的诉求。所以银行要与互联网企业开展合作，甚至不能按照传统银行的公司客户分类标准去界定目标客户，而是应该从互联网企业所处各个发展阶段（时间维度）和实际服务场景（流量价值维度）的角度对客户进行分类。

对客户分类后会得到处于不同阶段的企业的用户价值（无论是现有的用户价值还是潜在的用户价值），这些价值才是银行应该重点关注的。银行应该更好地理解互联网的行业发展逻辑，而不是沉迷于金融科技对互联网的帮助。

4. 关于对等效果

如果聚焦于互联网的流量合作，那么另一个问题是，我们动用了真金白银、合作资源，甚至是品牌影响力价值，到底有没有带来令我们满意的合作效果？答案普遍是否定的。

最核心的原因在于，单一银行的客户群，与互联网平台的用户群处于不同的服务维度，从银行客户中向互联网企业引流易，从互联网企业向银行引流难，无论是导流到手机银行还是导流到信用卡 App，或是导流到一些银行做的信息服务类 App，用户维度均是不对等的，所以对等的合作效果几乎无法达到。有时候不是互联网企业不愿意给银行导流，而是真的导不过去。

显然银行要想实现对等的引流和黏性留存效果，首先要具备对等的平台来承接互联网企业用户流量，而不是存量客户流量。但目前银行普遍缺乏这个维度对等的流量承接平台。

5. 模式可复制性

大家都希望将合作模式化，以便更好地复制与推广，然而在与大型企业沟通的过程中，自上而下的推动模式使得越来越多的合作变成了项目制，定制化极高，格局极高。这种高投入的合作模式很难预估未来的合作效果，甚至可能项目还未上马，市场格局已变，企业价值已变，潜在的损失风险极大。

所以与互联网企业并不适合在大规模的顶层技术层面进行合作，对于双方来说，出于安全和用户体验的考虑，大规模的技术合作几乎都难以真正落地。

那么互联网的合作应追求什么样的可复制性呢？我们认为，集中在用户与流量层面的市场商务合作更合适，因为这样的合作会更容易模式化，并且可达到持续且灵活的管理效果。

多数互联网企业早就通过 H5 技术让合作内容标准化、可复制且便于迭代了，以求达到最好的合作效果。通过差异化的运营，也可以更好地保护合作双方的流量权属。因此银行在合作过程中普遍只有两种模式。

（1）**导流到业务层面**。这种模式可直接实现获客，通过业务来抓取客户，先搞业务再搞黏性。

（2）**导流到互联网平台层面**。这种模式可获取用户流量，通过互联网服务来抓取用户，先搞黏性再搞业务。

对于以上两种模式，不同的银行依据短效和长效的诉求不同，会有不同的选择路径。

6. 关于互联网合作客户的来源

在获客阶段，很多银行想自行寻找适合的互联网客户，但是银行主动获取互联网平台客户实在是太困难了，因为银行主动提供的服务很难满足客户的实际业务诉求。

与互联网行业中的媒体类、孵化器类、资本类企业开展市场（而非金融业务）合作，可能会更有效，因为银行可以提供一定规模的市场作为双方的发展支撑，还可以提供资本筛选与资金支撑，对于双方来说这些都是更好地实现共赢的基础。

而银行如果想借此机会把握发展机会，就要看懂这个市场的发展逻辑，在资本层面有所融入，或许这样能带来更广阔的发展空间。

说句心里话，银行对于互联网企业，有时候很贪心，他们想要的东西很多，这就导致双方在合作时初心容易偏离正确方向，自身的核心价值容易被对方忽略，最严重的后果莫过于合作模式不聚焦。什么都想合作，最终的结果就是什么都做不成，双方合作只能中止。

找准对方需要什么，有时候比银行想要什么更重要。不知道对方需要什么，有时候连自己需要什么也会忘记。这可能就是很多银行在与互联网企业合作时遇到阻碍的主要原因。

对未来合作生态的探寻

首先，互联网用户流量出现瓶颈是一个不争的事实，但是这个瓶颈只是针对宏观上的互联网企业用户而言的，对于某一个商业主体来说，流量的分化迁移仍在不断变动。只要流量格局在流动，在合作和用户增长方面就仍有很大空间。

其次，当前的互联网合作不一定局限于互联网公司，凡是能强化"用户"逻辑的公司，都可以纳入合作范畴。因为互联网合作的核心诉求，其实一直在用户层面。

我们如果对合作进行结构化拆解，会发现合作大体集中在以下几个方面。

- ❑ **财务层面的合作**。该部分合作为与传统银行业合作的切入点，对口部门为企业财务部门。涉及的业务包括结算、理财、融资等公司金融业务及代发工资、理财、借款等零售金融业务。

- **市场层面的合作**。该部分合作以共同服务市场为核心，工作集中在品牌公关和市场营销两个方面。品牌公关主要以框架合作的形式实现双方在品牌价值上的提升；市场营销主要在双方平台开展服务以求相互引流。
- **业务层面的合作**。该部分合作主要是更深层的融合合作，即通过技术、数据方面的合作，共同开拓新的互联网业务或金融业务服务模式、服务内容，共同获取新市场。

以上的合作划分，并不是层层递进的关系，只是不同的合作方向与合作内容。除了财务层面的合作外，市场层面的合作、业务层面的合作是当前银行在网络零售金融领域主要的发力方向。

如果聚焦在银行获客这个层面，则可以按如下的递进维度划分合作层级（见下页图）：

- **未知市场层级**。通过合作，拓展未知市场中对银行服务或金融服务的认知，为实现用户流量沉淀做储备。
- **用户层级**。通过合作，实现银行端平台用户的增长与沉淀，为后续的运营转化做储备。
- **客户层级**。通过合作，实现银行端交易的转化，为形成粉丝效应做储备。
- **粉丝层级**。通过合作，实现银行端服务的长期黏性与自发传播，为获取未知市场做储备，实现体系闭环。

由此可见，对合作效果进行评估时，主要关注银行合作中各个职能部门到底如何介入这些环节，以及各个环节的落地效率。

谁为获客负责，谁为转化交易负责，谁为留存客户、实现粉丝的反馈传播负责，这些工作看似一样，实际上千差万别。

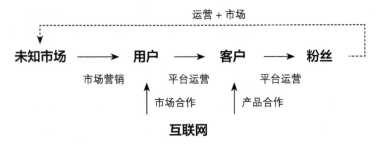

那么针对上述合作模式，其他问题也就来了。

- ❑ 互联网企业的用户向银行的用户转化时，银行用什么平台承接这样的用户流量？互联网沉淀流量的平台非常清晰，品牌定位及服务具有普适性，银行如果是以服务本行客户为核心的手机银行作为互联网合作的流量沉淀平台，自然用户转化的效率会受影响。所以银行是否具备能够承接互联网流入流量的平台，就成为值得关注的内容。

- ❑ 当互联网企业用户向银行用户转化时，主要采用 API 对接的方式完成交易的直接转化，那么转化后的用户跑哪里去了？这种模式取决于嵌入的产品与嵌入的平台在服务场景方面的契合度。银行服务缺乏场景，因此互联网服务嵌入银行平台中，为银行构建了服务场景。互联网平台本身均具备明确的服务场景，银行服务嵌入对方场景中后与之形成互补关系。双方平台上固有的用户对于嵌入服务的需求量也会存在差异。

其实银行和互联网企业的合作，普遍都是"理想丰满，现实骨感"的状态，就是因为双方本身做的就不是一个服务维度上的事情，而服务维度与客户数量并不是对比关系。服务维度不同就会导致在同样的合作模式、合作资源投入下，合作效果会有很大差异，自然就会出现合作不对等的情况。

而客户数量决定了资源投入的数量，也决定了是采用付费合作、收费合作，还是其他等价置换合作模式。

那么银行在与互联网企业开展互利合作的时候，应该考虑哪些呢？

- ❑ 尽量选择用户体量在某一统计标准下低于自身的平台。无论是总客户数、银行平台注册用户数、日活跃用户数量、月活跃用户数量、年活跃用户数量，只要在某一统计口径下低于自身的平台，那么就会有更好的合作空间，也可以通过该标准形成新兴互联网服务合作项目。一定要记得一点：体量大的不一定就是好的。
- ❑ 从常态化深度合作回归到专项市场活动。用户与资源是动态变化的，市场格局与用户质量也是动态变化的，将合作回归到市场活动的层级，更有利于放大合作效果，并通过活动本身创新合作模式，且因为具备准入与退出标准，所以更易于管理。毕竟互联网企业的舆情很复杂，短期合作更利于控制风险。
- ❑ 从财务合作的视角切换到商务合作的视角，把可运营的客户资源打包，并比照市场情况进行商务资源价值的核算，以此进行可量化的合作。资源的核算是精细化合作运营的前提，只有对资源进行核算才能够决定合作的方式，了解合作的进程、效果。

❑ 强化运营信息系统的建设，其中包括对资源系统的管理，以提升资源补充和资源调减的实施效率，提高动态运营的管理能力。

❑ 定位好自身的流量沉淀平台，明确到底用什么平台去承接互联网的用户流量。显然很多银行平台都不具备这样的能力，故建设一个高维度、定位于服务全量用户，而非存量客户的平台（见下图），才能让合作从一个平等的起跑线出发，才能让与互联网企业的合作形成一个良性的闭环，并能有效降低风险。

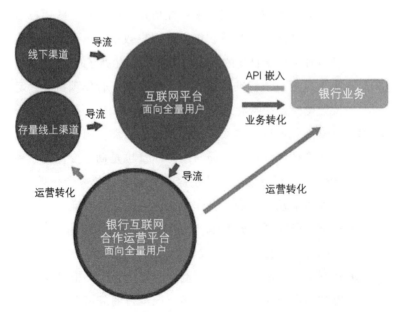

说到底，与互联网企业的合作，如果是一个"我花钱你收

钱"的合作，其实很容易，但是要实现"共赢"就需要进行体系化。在体系化的过程中会涉及内部的平台、外部的平台、存量的平台、新增的平台、产品服务、场景服务、用户的处理等。如果没有一个同维度的服务平台介入，你会发现理想中互相导流的合作模式会失衡，难以形成"共赢"的局面。

另外，很多人说没有产品就没法统筹开展合作，没有钱也没法统筹开展合作，笔者则认为未必。基于商业资源价值本身就可以开展更为广泛和创意不断的合作，这也是跨界合作中"跨界"的魅力所在。

推荐阅读

华为数据之道

华为官方出品。

这是一部从技术、流程、管理等多个维度系统讲解华为数据治理和数字化转型的著作。华为是一家超大型企业，华为的数据底座和数据治理方法支撑着华为在全球170多个国家/地区开展多业态、差异化的运营。书中凝聚了大量数据治理和数字化转型方面的有价值的经验、方法论、规范、模型、解决方案和案例，不仅能让读者即学即用，还能让读者了解华为数字化建设的历程。

银行数字化转型

这是一部指导银行业进行数字化转型的方法论著作，对金融行业乃至各行各业的数字化转型都有借鉴意义。

本书以银行业为背景，详细且系统地讲解了银行数字化转型需要具备的业务思维和技术思维，以及银行数字化转型的目标和具体路径，是作者近20年来在银行业从事金融业务、业务架构设计和数字化转型的经验复盘与深刻洞察，为银行的数字化转型给出了完整的方案。

用户画像

这是一本从技术、产品和运营3个角度讲解如何从0到1构建用户画像系统的著作，同时它还为如何利用用户画像系统驱动企业的营收增长给出了解决方案。作者有多年的大数据研发和数据化运营经验，曾参与和负责多个亿级规模的用户画像系统的搭建，在用户画像系统的设计、开发和落地解决方案等方面有丰富的经验。

企业级业务架构设计

这是一部从方法论和工程实践双维度阐述企业级业务架构设计的著作。

作者是一位资深的业务架构师，在金融行业工作超过19年，有丰富的大规模复杂金融系统业务架构设计和落地实施经验。作者在书中倡导"知行合一"的业务架构思想，全书内容围绕"行线"和"知线"两条主线展开。"行线"涵盖企业级业务架构的战略分析、架构设计、架构落地、长期管理的完整过程，"知线"则重点关注架构方法论的持续改良。

推荐阅读

华为数字化转型之道

华为公司官方出品

从认知、理念、转型框架、规划和落地方法、业务重构、平台构建等多个维度全面总结和阐述了华为自身的数字化转型历程、方法和实践，能为准备开展或正在开展数字化转型的企业提供系统、全面的参考。

《银行数字化转型：路径与策略》

本书将分别从行业研究者、行业实践者、科技赋能者和行业咨询顾问的视角探讨银行数字化转型，汇集1个银行数字化转型课题组、33家银行、5家科技公司、4大咨询公司的研究成果和实践经验，讲解银行业数字化转型的宏观趋势、行业先进案例、科技如何为银行数字化转型赋能以及银行数字化转型的策略。

《银行数字化营销与运营：突围、转型与增长》

从营销和运营两个维度，深度解读数字化时代银行转型与增长的方法。

在这个数字化时代，银行如何突破自身桎梏，真正完成营销和运营方面的数字化转型？在面对互联网企业这个门口的野蛮人时，银行如何结合自身优势，借助数字化方式实现逆势增长？书中涉及数十个类似的典型问题，涵盖获客、业务、营收等多个方面。为了帮助读者彻底解决这些问题，书中不仅针对这些问题进行了深度分析，寻求问题出现的根源，还结合作者多年的银行从业经验给出了破解方法。

《中小银行运维架构：解密与实战》

这是一部全面剖析中小银行运维架构和运维实战经验的著作。作者团队均来自金融机构或知名互联网企业，有丰富的运维实战经验，近年来持续探索中小规模银行如何推广和落地虚拟化、容器化、分布式、云计算等新兴技术，综合运用各种技术手段，打造高质量、自动化、智能化的运维体系，提升系统稳定性和运维效率。

本书是该团队的经验总结，书中把一些优秀的实践、流程、方法固化为代码、工具和平台，希望对银行、证券、基金等行业的科技团队或金融科技公司有所帮助。